하루 4쪽 40일, 한 권으로 끝내는

맛있는 초등 영어 파닉스

이보영 지음

KB212640

맛있는 books

저자 이보영

이보영 선생님은 이화여자대학교 영어교육과와 한국외국어대학교 동시통역대학원 한영과를 졸업하고 이화여자대학교 영어교육학과에서 말하기 교수법 전공으로 박사 학위를 취득한 100% 국내파 영어교육가이다. 「EBS 라디오 Easy English」 등 방송 활동뿐만 아니라, 유·아동 영어교육 프로그램 기획 및 개발, 교사 연수 프로그램 개발 등 다양한 영어 학습자를 위한 영어교육 전문가로 활동하고 있다. 저서로는 『이보영의 여행영어회화』, 『Oh! My Speaking』, 『하루 10분 초등영어』, 『이보영의 120분 시리즈』 등 다수가 있다.

맛있는 초등 영어 파닉스

초판 1쇄 발행   2023년 2월 15일
초판 6쇄 발행   2025년 4월 25일

지은이   이보영
발행인   김효정
발행처   맛있는books
등록번호   제2006-000273호

주소   서울시 서초구 명달로 54 JRC빌딩 7층
전화   구입문의 02·567·3861
        내용문의 02·567·3860
팩스   02·567·2471
홈페이지   www.booksJRC.com

ISBN   979-11-6148-069-5 63740
정가   14,800원

제 품 명 : 일반 어린이도서
제조자명 : JRC에듀
판매자명 : 맛있는books
제 조 국 : 대한민국
전화번호 : 02-567-3860
주   소 : 서울시 서초구 명달로 54 JRC빌딩 7층
제조년월 : 판권에 별도 표기
사용연령 : 8세 이상
KC마크는 이 제품이 공통안전기준에 적합하였음을 의미합니다.

머리말

파닉스가 뭔가요?

파닉스(phonics)는 영어 글자와 소리의 관계를 알려 주는 학습법입니다. 예를 들어 알파벳 a(에이)는 단어에서 [애]로 소리 나기도 하고 aw로 쓰이면 [오-]로 소리 나기도 합니다. 이렇게 알파벳의 소리는 그 이름과 다를 때가 많기 때문에 영어 읽기의 첫 단계로 흔히 파닉스를 배우는 것입니다. 파닉스를 익히고 나면 모르는 단어도 각 글자의 발음을 조합해 읽을 수 있게 됩니다.

파닉스, 어떻게 배워야 하나요?

우선 각 알파벳 글자가 어떤 소리를 내는지 익혀야 합니다. 그런 다음 특정 자음과 모음이 뭉쳐서 또 어떤 소리를 내는지를 익힙니다. 이때 파닉스 규칙을 암기하도록 강요하기보다는 아이의 입과 눈, 귀에 익숙해지는 과정이 중요합니다. 이 책에서 파닉스 규칙을 연습하기 위해 수록된 단어들은 영어 동화책이나 교과서에 자주 등장하는 것들입니다. 아이들은 이 책에서 익힌 단어들을 다른 곳에서 접하면서 다지고 또 다지는 과정을 거치게 되고, 이것이 바로 책을 읽는 능력으로 이어지게 되지요. 그러니 아이들이 한 번에 모든 것을 기억하고 줄줄 읽지 않는다고 해서 다그치지는 마시기 바랍니다.

이 책은 어떻게 다른가요?

파닉스를 여러 권의 시리즈 학습서를 통해 배우다 보면 아이들은 지치기 쉽습니다. 아이들이 파닉스를 손쉽게 익힐 수 있도록 이 책은 파닉스 규칙을 한 권에 모두 담았습니다. 또한 파닉스 규칙을 반복해서 연습할 수 있도록 문제를 효율적이고 체계적으로 구성하였습니다. 더불어 자칫 복잡하게 느껴질 수 있는 파닉스 규칙을 쉽게 이해할 수 있도록 우리말 발음을 써 두었습니다. 영어 공부는 무엇을 하든 힘이 들어서는 안 됩니다. 될수록 많은 도움을 받으면서 수월하게 해야 오래 할 수 있거든요. 파닉스를 익힌 아이들이 영어책을 잡고 단어를 하나하나 읽어 가는 모습을 상상하면서 이 모든 과정을 즐기시기 바랍니다.

저자 **이보영**

이 책의 구성 및 특징

하루 4쪽, 40일이면 영어 단어를 읽는다!

이보영 선생님의 동영상 강의

책에 있는 QR코드를 스캔해 이보영 선생님의 동영상 강의를 확인하세요. 선생님의 명쾌한 설명을 통해 파닉스 규칙을 누구나 쉽게 터득할 수 있어요.

파닉스 규칙 익히기

Chapter 1에서는 알파벳의 이름과 모양을 배운 후, 각 알파벳의 소리를 익혀요. Chapter 2~5에서는 단모음, 장모음, 이중자음, 이중모음 등의 파닉스 규칙을 익혀요.

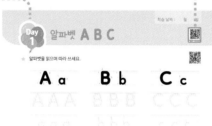

사진으로 파닉스 단어 익히기

파닉스 규칙이 적용된 단어를 사진과 함께 익혀요. 이미지를 통해 단어의 뜻을 쉽게 이해하고 오래 기억할 수 있어요.

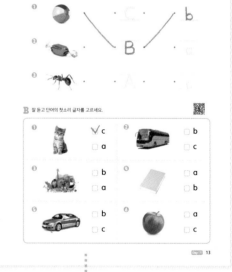

음원 듣고 따라 말하기

파닉스 규칙이 적용된 단어를 듣고 따라 말해요. 꼭 음원을 통해 정확한 발음을 확인하고, 큰 소리로 따라 말하면서 영어 발음에 익숙해지도록 해요.

문제 풀며 연습하기

음원을 듣고 소리에 해당하는 글자를 고르면서 소리와 글자의 관계에 집중하게 돼요. 앞에서 배운 파닉스 규칙을 적용하는 동시에 파닉스 단어도 익힐 수 있어요.

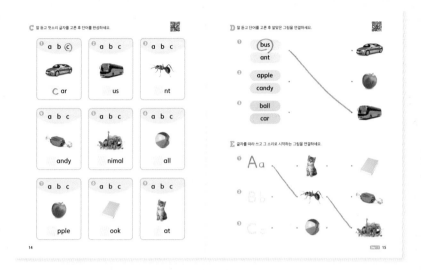

문제 풀며 실력 다지기

음원을 듣고 해당하는 글자나 단어 고르기, 글자를 보고 그 소리가 나는 그림 연결하기 등 다양한 문제를 풀면서 파닉스 규칙을 반복해서 연습하며 실력을 다져요.

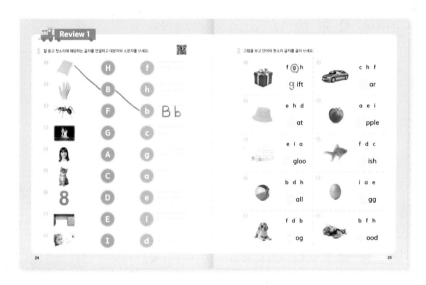

Review로 복습하기

Review 코너를 통해 앞에서 배운 파닉스 규칙들을 다시 한 번 떠올리며 연습해요.

 부록

한눈에 보는 파닉스

파닉스 규칙을 한눈에 파악해요.

단어 리스트

학습한 단어를 확인할 수 있어요.

플래시 카드

플래시 카드로 다양한 게임을 하며 복습해요.

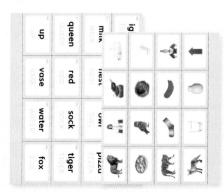

차례

알파벳 이름

영어에는 26개의 알파벳이 있고, 각 알파벳에는 대문자와 소문자가 있어요.
각 알파벳의 이름을 확인해 보세요.

Aa	**Bb**	**Cc**	**Dd**	**Ee**
에이	비	씨	디	이
Ff	**Gg**	**Hh**	**Ii**	**Jj**
에프	쥐	에이치	아이	제이
Kk	**Ll**	**Mm**	**Nn**	**Oo**
케이	엘	엠	엔	오
Pp	**Qq**	**Rr**	**Ss**	**Tt**
피	큐	알	에스	티
Uu	**Vv**	**Ww**	**Xx**	**Yy**
유	뷔	더블유	엑스	와이
Zz				
지				

Chapter 1

알파벳

영어의 알파벳은 모두 26개이고, 자음과 모음으로 이루어져 있어요.
모음은 a, e, i, o, u 등 5개이고, 나머지 21개는 자음이에요.
이번 Chapter에서는 각 알파벳이 단어 속에서 어떤 소리가 나는지 알아봐요.

Day 1 알파벳 A B C

⭐ 알파벳을 읽으며 따라 쓰세요.

A a   B b   C c

⭐ 각 알파벳으로 시작하는 단어를 잘 듣고 따라 말해요.

A a

[애]보다 입을
더 크게 벌려요.

ant

apple

animal

B b

[ㅂ] 하고
공기를 뱉어요.

ball

bus

book

C c

[ㅋ] 하고
공기를 뱉어요.

cat

car

candy

ant 개미   apple 사과   animal 동물   ball 공   bus 버스   book 책   cat 고양이   car 자동차   candy 사탕

A 잘 듣고 단어의 첫소리 글자를 연결한 후 따라 쓰세요.

①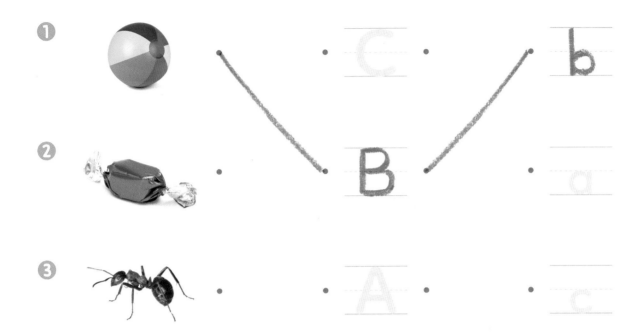

C

b

②

B

a

③

A

c

B 잘 듣고 단어의 첫소리 글자를 고르세요.

① ✓ c
☐ a

② ☐ b
☐ c

③ ☐ b
☐ a

④ ☐ a
☐ b

⑤ ☐ b
☐ c

⑥ ☐ a
☐ c

잘 듣고 첫소리 글자를 고른 후 단어를 완성하세요.

1 a b (c)

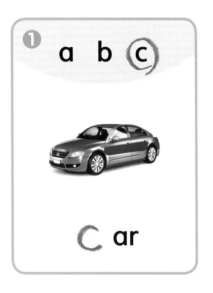

c ar

2 a b c

us

3 a b c

nt

4 a b c

andy

5 a b c

nimal

6 a b c

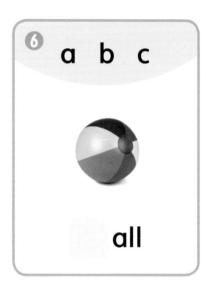

all

7 a b c

pple

8 a b c

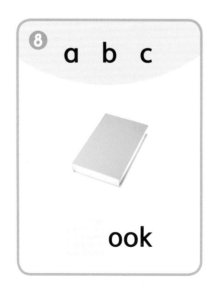

ook

9 a b c

at

D 잘 듣고 단어를 고른 후 알맞은 그림을 연결하세요.

❶ bus / ant

❷ apple / candy

❸ ball / car

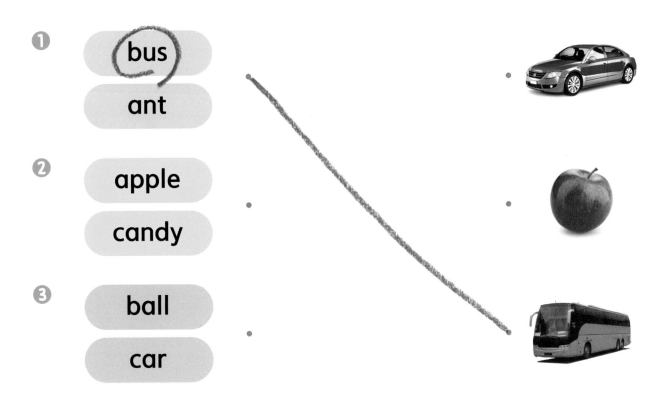

E 글자를 따라 쓰고 그 소리로 시작하는 그림을 연결하세요.

❶ Aa

❷ Bb

❸ Cc

Day 2 알파벳 D E F

★ 알파벳을 읽으며 따라 쓰세요.

D d E e F f

★ 각 알파벳으로 시작하는 단어를 잘 듣고 따라 말해요.

Dd			
[ㄷ] 하고 공기를 뱉어요.	dog	desk	 door

Ee			
[에]보다 입을 옆으로 살짝 더 벌려요.	egg	eight	 exit

Ff			
윗니로 아랫입술을 살짝 물어 [fㅍ] 하고 바람을 내보내요.	 fish	 food	 fire

dog 개 desk 책상 door 문 egg 계란 eight 8, 여덟 exit 출구 fish 물고기 food 음식 fire 불
↳ F는 발음법이 [ㅍ]와 달라서 [fㅍ]라고 표기했어요.

A 잘 듣고 단어의 첫소리 글자를 연결한 후 따라 쓰세요.

❶  •   • D •   • e

❷ •   • F •   • d

❸ •   • E •   • f

B 잘 듣고 단어의 첫소리 글자를 고르세요.

❶ **8**   ☐ f   ☐ e

❷   ☐ f   ☐ d

❸    ☐ f   ☐ d

❹    ☐ d   ☐ e

❺    ☐ e   ☐ f

❻    ☐ e   ☐ d

1 d e f

ood

2 d e f

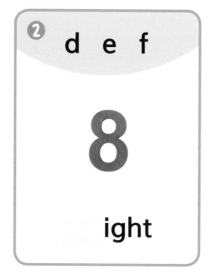

8

ight

3 d e f

og

4 d e f

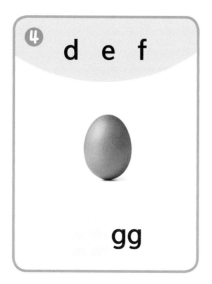

gg

5 d e f

oor

6 d e f

ish

7 d e f

esk

8 d e f

ire

9 d e f

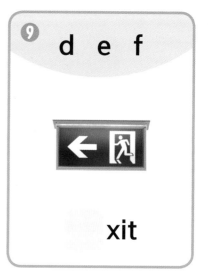

xit

D 잘 듣고 단어를 고른 후 알맞은 그림을 연결하세요.

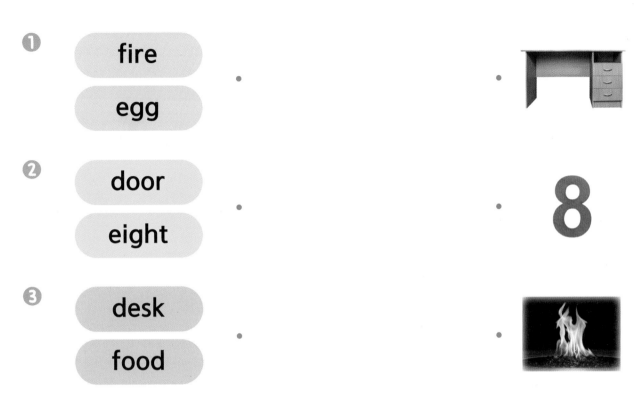

① fire / egg

② door / eight

③ desk / food

E 글자를 따라 쓰고 그 소리로 시작하는 그림을 연결하세요.

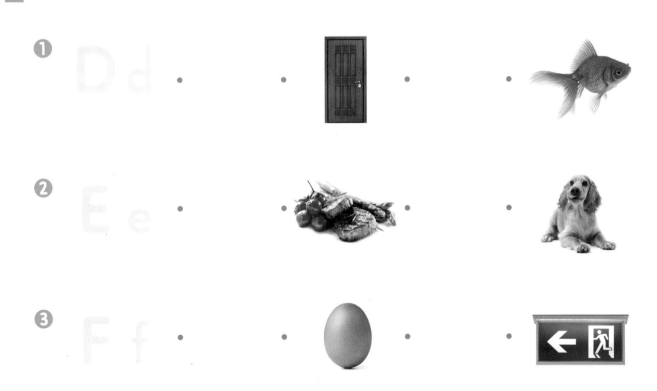

① D d

② E e

③ F f

 **Day 3** 알파벳 **G H I**

⭐ 알파벳을 읽으며 따라 쓰세요.

⭐ 각 알파벳으로 시작하는 단어를 잘 듣고 따라 말해요.

Gg
[ㄱ] 하고
공기를 뱉어요.

girl gift goat

Hh
숨을 내쉬며 [ㅎ] 하고
소리 내요.

hat hand honey

Ii
[이]보다 턱을 약간
더 벌려서 소리 내요.

igloo ill in

girl 여자아이 gift 선물 goat 염소 hat 모자 hand 손 honey 꿀 igloo 이글루 ill 아픈 in ~ 안에

A 잘 듣고 단어의 첫소리 글자를 연결한 후 따라 쓰세요.

❶    ·   ·   G   ·   ·   i

❷    ·   ·   I   ·   ·   h

❸   ·   ·   H   ·   ·   g

B 잘 듣고 단어의 첫소리 글자를 고르세요.

❶  ☐ g ☐ h

❷  ☐ i ☐ g

❸  ☐ g ☐ i

❹  ☐ h ☐ i

❺  ☐ i ☐ h

❻  ☐ g ☐ h

C 잘 듣고 첫소리 글자를 고른 후 단어를 완성하세요.

① g h i

and

② g h i

n

③ g h i

oat

④ g h i

ll

⑤ g h i

irl

⑥ g h i

at

⑦ g h i

ift

⑧ g h i

oney

⑨ g h i

gloo

D 잘 듣고 단어를 고른 후 알맞은 그림을 연결하세요.

① girl / hat

② in / honey

③ igloo / gift

E 글자를 따라 쓰고 그 소리로 시작하는 그림을 연결하세요.

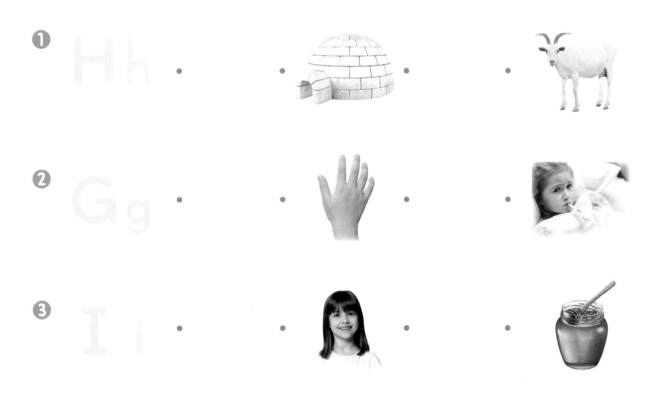

① Hh

② Gg

③ Ii

1 잘 듣고 첫소리에 해당하는 글자를 연결하고 대문자와 소문자를 쓰세요.

① H f

② B h

③ F b Bb

④ G c

⑤ A g

⑥ C a

⑦ D e

⑧ E i

⑨ I d

2 그림을 보고 단어의 첫소리 글자를 골라 쓰세요.

① f (g) h

g ift

② c h f

ar

③ e h d

at

④ a e i

pple

⑤ e i a

gloo

⑥ f d c

ish

⑦ b d h

all

⑧ i a e

gg

⑨ f d b

og

⑩ b f h

ood

Day 4

알파벳 J K L

⭐ 알파벳을 읽으며 따라 쓰세요.

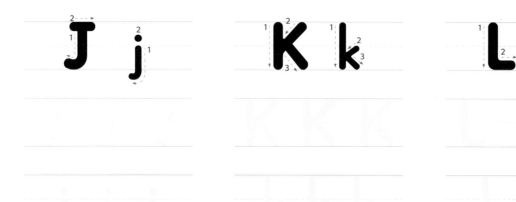

⭐ 각 알파벳으로 시작하는 단어를 잘 듣고 따라 말해요.

J j
입을 동그랗게 내밀고
[쥐] 하고 소리 내요.

jam

juice

jump

K k
[ㅋ] 하고
공기를 뱉어요.

key

king

kite

L l
혀끝을 윗니 뒤에 대고
[(을)ㄹ]처럼 소리 내요.

leg

lion

lemon

jam 잼   juice 주스   jump 점프하다   key 열쇠   king 왕   kite 연   leg 다리   lion 사자   lemon 레몬

A 잘 듣고 단어의 첫소리 글자를 연결한 후 따라 쓰세요.

①   •   •   k   •   •   l

②   •   •   j   •   •   j

③   •   •   l   •   •   k

B 잘 듣고 단어의 첫소리 글자를 고르세요.

① ☐ l   ☐ k

② ☐ j   ☐ l

③ ☐ l   ☐ k

④ ☐ j   ☐ k

⑤ ☐ l   ☐ j

⑥ ☐ k   ☐ j

C 잘 듣고 첫소리 글자를 고른 후 단어를 완성하세요.

① j k l

ite

② j k l

am

③ j k l

eg

④ j k l

uice

⑤ j k l

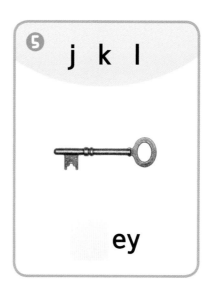

ey

⑥ j k l

emon

⑦ j k l

ion

⑧ j k l

ing

⑨ j k l

ump

D 잘 듣고 단어를 고른 후 알맞은 그림을 연결하세요.

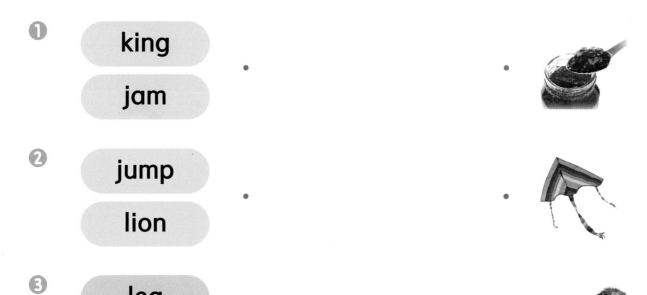

❶
king
jam

❷
jump
lion

❸
leg
kite

E 글자를 따라 쓰고 그 소리로 시작하는 그림을 연결하세요.

❶ Kk

❷ Ll

❸ Jj

Day 5 알파벳 M N O

⭐ 알파벳을 읽으며 따라 쓰세요.

M m   N n   O o

⭐ 각 알파벳으로 시작하는 단어를 잘 듣고 따라 말해요.

Mm
코로 공기를 내보내며 [ㅁ] 하고 소리 내요.

 map   mom   milk

Nn
코로 공기를 내보내며 [ㄴ] 하고 소리 내요.

 nose   nest   9 nine

Oo
입을 크게 벌려 [아] 또는 [오]로 소리 내요.

 ox    owl   oil

map 지도 mom 엄마 milk 우유 nose 코 nest 둥지 nine 9, 아홉 ox 황소 owl 올빼미 oil 기름

30

A 잘 듣고 단어의 첫소리 글자를 연결한 후 따라 쓰세요.

① 　·　·　M　·　·　o

② 　·　·　O　·　·　m

③ 　·　·　N　·　·　m

B 잘 듣고 단어의 첫소리 글자를 고르세요.

① 　☐ m　☐ o

② 9　☐ n　☐ m

③ 　☐ n　☐ m

④ 　☐ o　☐ n

⑤ 　☐ n　☐ o

⑥ 　☐ m　☐ o

잘 듣고 첫소리 글자를 고른 후 단어를 완성하세요.

1 m n o

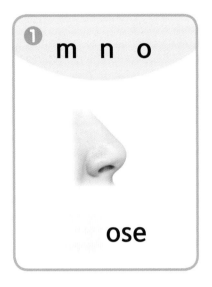

ose

2 m n o

ap

3 m n o

wl

4 m n o

ilk

5 m n o

x

6 m n o

9

ine

7 m n o

il

8 m n o

om

9 m n o

est

D 잘 듣고 단어를 고른 후 알맞은 그림을 연결하세요.

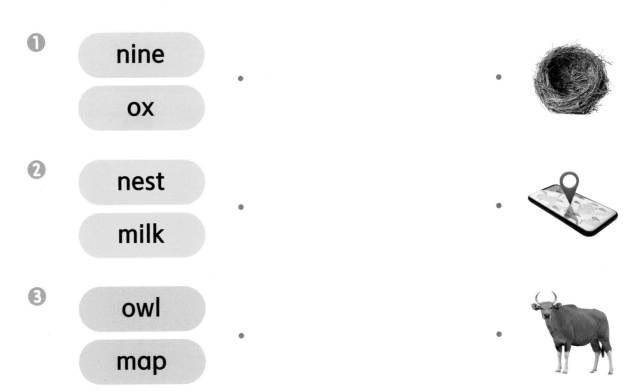

① nine / ox

② nest / milk

③ owl / map

E 글자를 따라 쓰고 그 소리로 시작하는 그림을 연결하세요.

① Oo

② Mm

③ Nn

9

Day 6

알파벳 P Q R

⭐ 알파벳을 읽으며 따라 쓰세요.

⭐ 각 알파벳으로 시작하는 단어를 잘 듣고 따라 말해요.

P p
[ㅍ] 하고 공기를 뱉어요.
pen   paper   pizza

Q q
보통 qu로 쓰이며 이는 [쿼]로 소리 내요.
queen   quiet   quiz

R r
혀끝을 살짝 올려 뒤로 당기면서 [뤄]처럼 소리 내요.
red   ring   rabbit

pen 펜   paper 종이   pizza 피자   queen 여왕   quiet 조용한   quiz 퀴즈   red 빨간색   ring 반지   rabbit 토끼

A 잘 듣고 단어의 첫소리 글자를 연결한 후 따라 쓰세요.

❶ · · Q · r

❷ · · R · p

❸ · · P · q

B 잘 듣고 단어의 첫소리 글자를 고르세요.

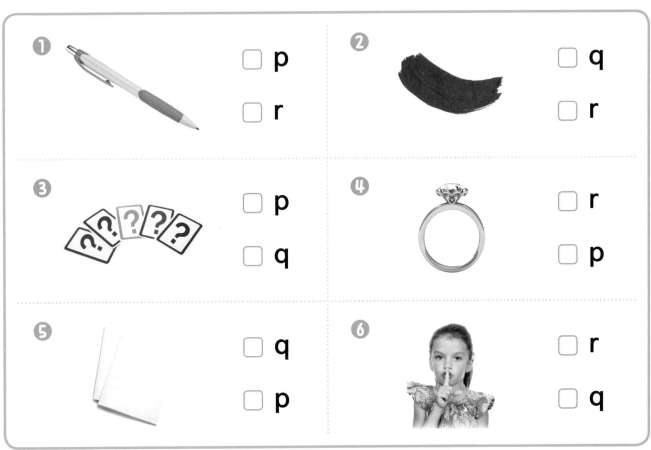

❶ ☐ p
  ☐ r

❷ ☐ q
  ☐ r

❸ ☐ p
  ☐ q

❹ ☐ r
  ☐ p

❺ ☐ q
  ☐ p

❻ ☐ r
  ☐ q

① p q r

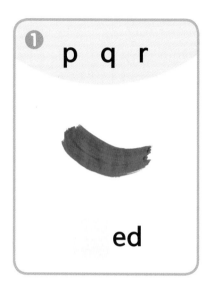

ed

② p q r

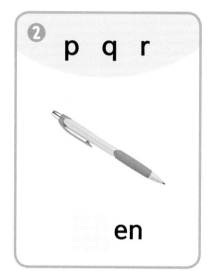

en

③ p q r

uiz

④ p q r

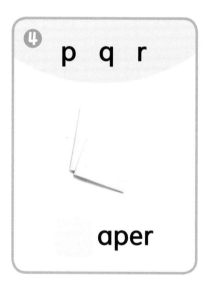

aper

⑤ p q r

ing

⑥ p q r

ueen

⑦ p q r

uiet

⑧ p q r

abbit

⑨ p q r

izza

D 잘 듣고 단어를 고른 후 알맞은 그림을 연결하세요.

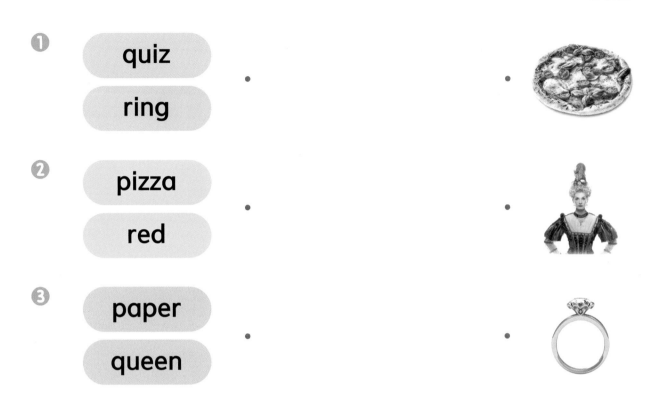

❶ quiz / ring

❷ pizza / red

❸ paper / queen

E 글자를 따라 쓰고 그 소리로 시작하는 그림을 연결하세요.

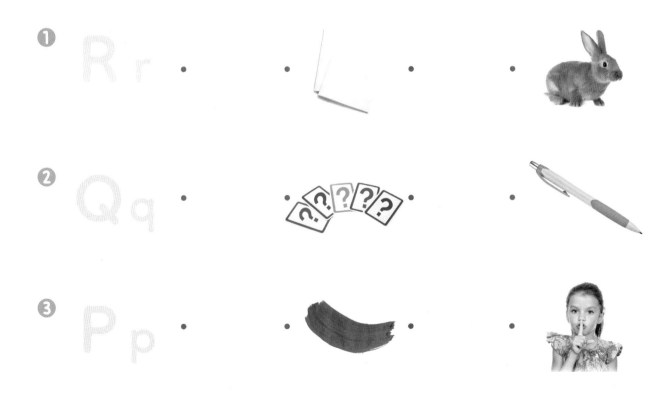

❶ Rr

❷ Qq

❸ Pp

Review 2

1 잘 듣고 첫소리에 해당하는 글자를 연결하고 대문자와 소문자를 쓰세요.

① K　l
② L　j
③ J　k
④ M　n
⑤ 9　Q　q
⑥ N　m
⑦ R　p
⑧ O　r
⑨ P　o

2 그림을 보고 단어의 첫소리 글자를 골라 쓰세요.

❶

p l n

eg

❷

o m l

ap

❸

n j r

ing

❹

o j q

ump

❺

m k l

ite

❻

l r o

x

❼

n j m

ose

❽

k q p

uiz

❾

n r j

uice

❿

k m p

aper

Day 7　알파벳 S T U V

★ 알파벳을 읽으며 따라 쓰세요.

S s　T t　U u　V v

★ 각 알파벳으로 시작하는 단어를 잘 듣고 따라 말해요.

S s
혀끝을 입천장에 가까이 대고 [ㅅ] 또는 [ㅆ]로 소리 내요.

 sun　 **sea**　 **sock**

T t
[ㅌ] 하고 공기를 뱉어요.

 table　 **tiger**　 **tent**

U u
[어]보다 입을 옆으로 더 벌려서 소리 내요.

 up　 **under**　 **umbrella**

V v
윗니로 아랫입술을 살짝 물었다가 빼며 [ㅂㅂ]라고 소리 내요.

 violin　 **vase**　 **vest**

sun 해　sea 바다　sock 양말　table 탁자　tiger 호랑이　tent 텐트　up 위로　under 아래에　umbrella 우산
V는 발음법이 [ㅂ]와 달라서 [ㅂㅂ]라고 표기했어요.　　violin 바이올린　vase 꽃병　vest 조끼

A 잘 듣고 단어의 첫소리 글자를 연결한 후 따라 쓰세요.

① 　·　　·　T　·　·　u

② 　·　　·　U　·　·　s

③ 　·　　·　S　·　·　v

④ 　·　　·　V　·　·　t

B 잘 듣고 단어의 첫소리 글자를 고르세요.

①
☐ u
☐ s

②
☐ t
☐ v

③
☐ v
☐ u

④
☐ s
☐ t

⑤
☐ v
☐ t

⑥
☐ s
☐ u

C 잘 듣고 첫소리 글자를 고른 후 단어를 완성하세요.

❶ s t u v

able

❷ s t u v

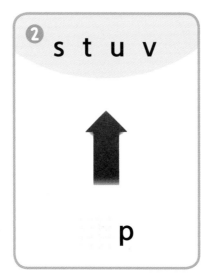

p

❸ s t u v

est

❹ s t u v

un

❺ s t u v

nder

❻ s t u v

ent

❼ s t u v

iolin

❽ s t u v

ea

❾ s t u v

iger

D 잘 듣고 단어를 고른 후 알맞은 그림을 연결하세요.

① table / sock

② vase / under

③ sea / tent

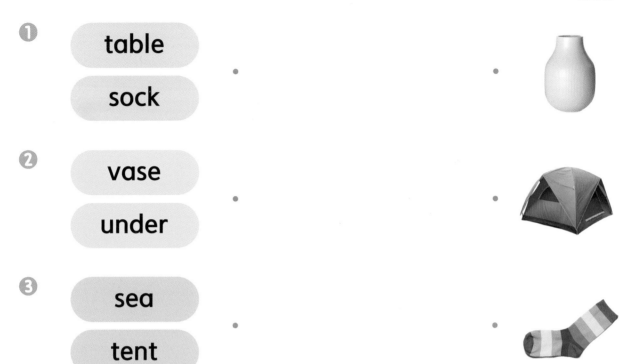

E 글자를 따라 쓰고 그 소리로 시작하는 그림을 연결하세요.

① T t

② U u

③ S s

④ V v

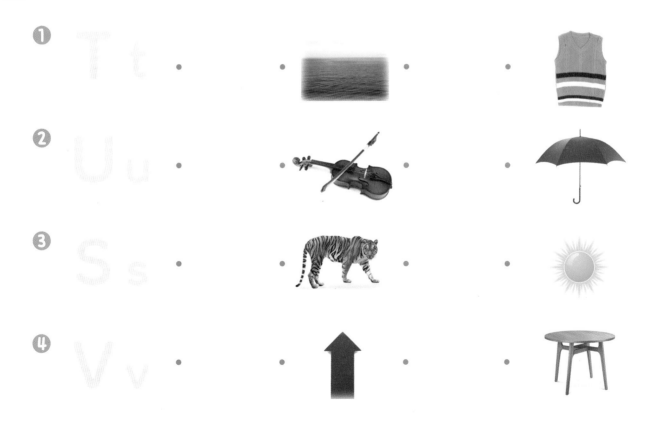

Day 8 알파벳 W X Y Z

⭐ 알파벳을 읽으며 따라 쓰세요.

⭐ 각 알파벳으로 시작하거나 끝나는 단어를 잘 듣고 따라 말해요.

 **Ww** 입술을 작고 동그랗게 모았다가 벌리며 [워]라고 소리 내요.	**w**ater	**w**indow	 **w**ash
Xx 단어 끝에 오면 ks[ㅋㅅ]처럼 소리 내요.	bo**x**	si**x**	fo**x**
 **Yy** 혀를 입천장에 가까이 대고 [이여]라고 소리 내요.	**y**ellow	**y**ou	**y**acht
Zz 혀를 입천장에 가까이 대고 [zㅈ]라고 소리 내요.	**z**oo	0 **z**ero	**z**ebra

water 물 window 창문 wash 씻다 box 상자 six 6, 여섯 fox 여우 yellow 노란색 you 너 yacht 요트
→ Z는 발음법이 [ㅈ]와 달라서 [zㅈ]라고 표기했어요.
zoo 동물원 zero 0, 영 zebra 얼룩말

A 잘 듣고 단어의 첫소리 글자를 연결한 후 따라 쓰세요.

①  · · W · y

② · · Y · Z

③  · · Z · W

B 잘 듣고 단어의 첫소리 글자를 고르세요.

① **0**　☐ w　☐ z

② 　☐ y　☐ x

③ 　☐ y　☐ w

④ 　☐ z　☐ y

⑤ 　☐ x　☐ w

⑥ 　☐ y　☐ z

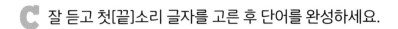 잘 듣고 첫[끝]소리 글자를 고른 후 단어를 완성하세요.

① w x y z

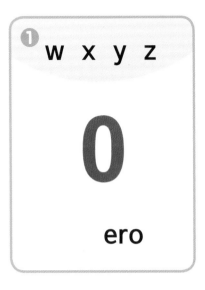

0

ero

② w x y z

ater

③ w x y z

fo

④ w x y z

ou

⑤ w x y z

oo

⑥ w x y z

6

si

⑦ w x y z

ellow

⑧ w x y z

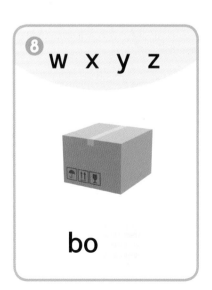

bo

⑨ w x y z

ash

D 잘 듣고 단어를 고른 후 알맞은 그림을 연결하세요.

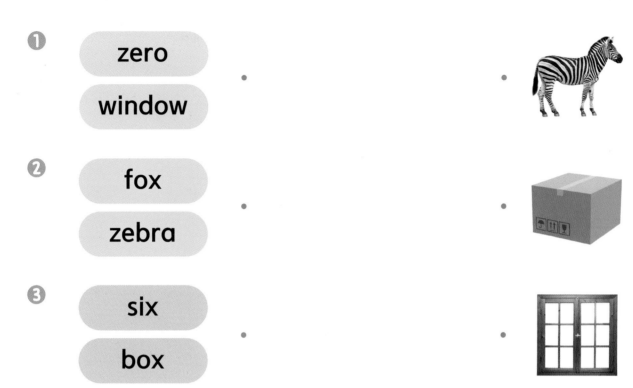

① zero / window

② fox / zebra

③ six / box

E 글자를 따라 쓰고 그 소리로 시작하는 그림을 연결하세요.

① Ww

② Yy

③ Zz

1 잘 듣고 첫소리에 해당하는 글자를 연결하고 대문자와 소문자를 쓰세요.

① U   s

② S   v

③ Z   u

④ V   z

⑤ Y   t

⑥ W   y

⑦ T   w

2 그림을 보고 단어의 첫[끝]소리 글자를 골라 쓰세요.

① t y v

ase

② z s u

un

③ s x y

bo

④ s w t

able

⑤ v u z

p

⑥ w y v

ash

⑦ s t z

ebra

⑧ x v z

si

⑨ s w y

acht

⑩ u t z

ent

Chapter 2

단모음

영어의 모음인 a, e, i, o, u는 단어에서
단모음(짧게 소리 나는 모음)으로 쓰이기도 하고,
장모음(길게 소리 나는 모음)으로 쓰이기도 해요.
이번 Chapter에서는 단모음으로 쓰이는 경우를 알아봐요.

Day 9 단모음 a - at an ad

⭐ 단모음 a가 들어간 소리를 익혀요.

| a [애] | t [ㅌ] | a [애] | n [은] | a [애] | d [ㄷ] |

at [애ㅌ] **an** [앤] **ad** [애ㄷ]

〈자음+a+자음〉
단어에서 a는 입을
크게 벌려서 짧고 강한
[애]로 소리 내요.

⭐ 단모음 a가 들어간 단어를 잘 듣고 따라 말해요.

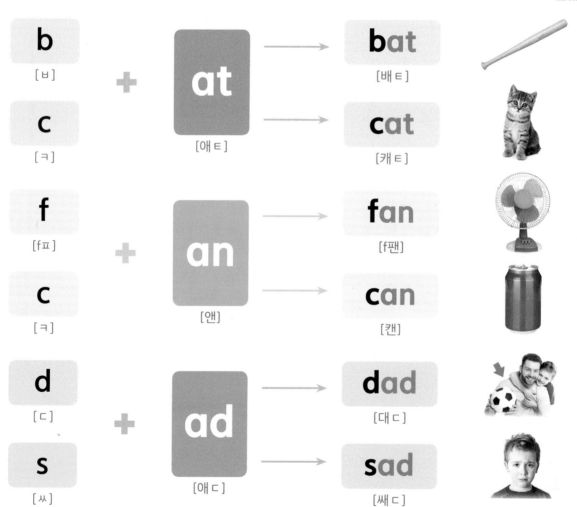

b [ㅂ]
c [ㅋ]
at [애ㅌ]
→ **b**at [배ㅌ]
→ **c**at [캐ㅌ]

f [fㅍ]
c [ㅋ]
an [앤]
→ **f**an [f팬]
→ **c**an [캔]

d [ㄷ]
s [ㅆ]
ad [애ㄷ]
→ **d**ad [대ㄷ]
→ **s**ad [쌔ㄷ]

bat 야구 방망이 cat 고양이 fan 선풍기 can 캔, 깡통 dad 아빠 sad 슬픈

잘 듣고 알맞은 것을 고른 후 단어를 완성하세요.

① ☐ ad ✓ at

cat

② ☐ ad ☐ an

s

③ ☐ at ☐ an

c

④ ☐ at ☐ ad

b

⑤ ☐ ad ☐ an

d

⑥ ☐ at ☐ an

f

B 잘 듣고 그림을 고른 후 알맞은 단어를 고르세요.

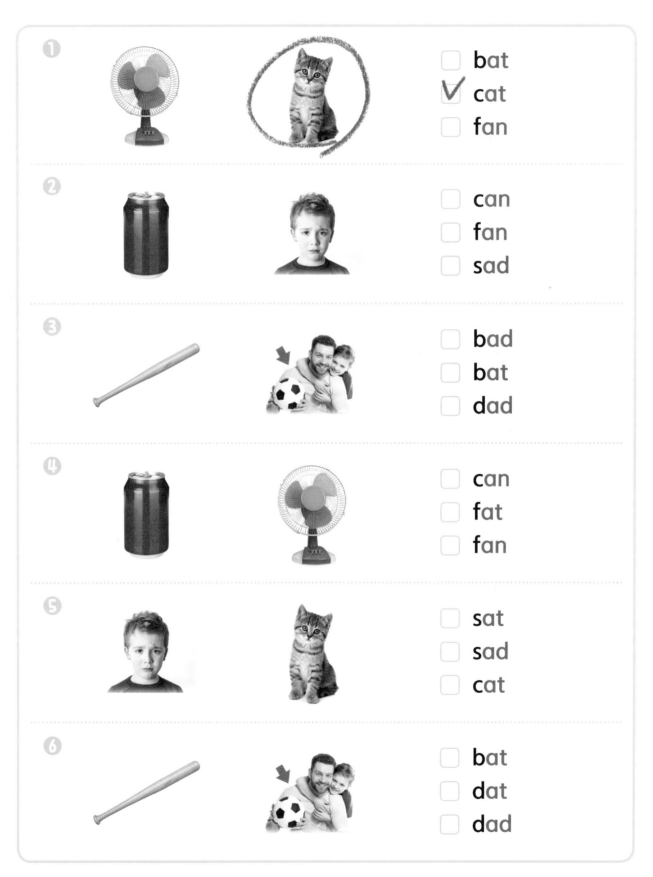

① ☐ bat ✓ cat ☐ fan

② ☐ can ☐ fan ☐ sad

③ ☐ bad ☐ bat ☐ dad

④ ☐ can ☐ fat ☐ fan

⑤ ☐ sat ☐ sad ☐ cat

⑥ ☐ bat ☐ dat ☐ dad

54

C 잘 듣고 단어를 고른 후 알맞은 그림을 연결하세요.

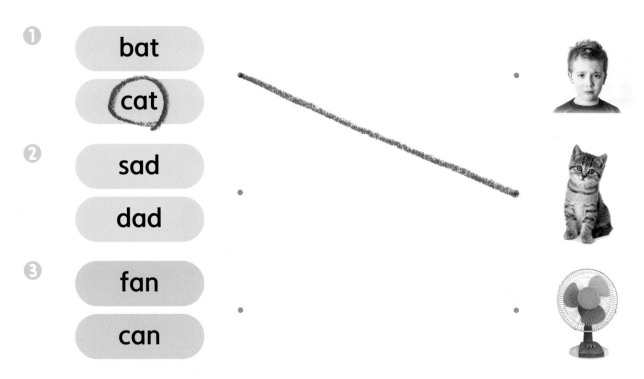

① bat / cat
② sad / dad
③ fan / can

D 글자와 같은 소리가 나는 그림을 연결한 후 단어를 쓰세요.

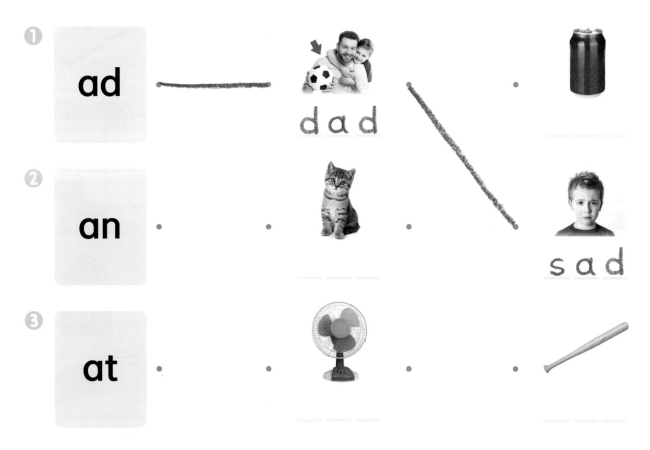

① ad — dad
② an
③ at

sad

Day 10 단모음 a - ap am ag

⭐ 단모음 a가 들어간 소리를 익혀요.

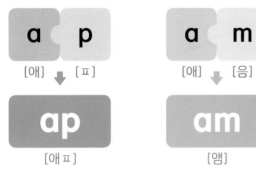

| a | p | a | m | a | g |
| [애] | [ㅍ] | [애] | [음] | [애] | [ㄱ] |

ap [애ㅍ]　　am [앰]　　ag [애ㄱ]

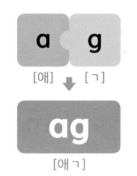

〈자음+a+자음〉
단어에서 a는 입을
크게 벌려서 짧고 강한
[애]로 소리 내요.

⭐ 단모음 a가 들어간 단어를 잘 듣고 따라 말해요.

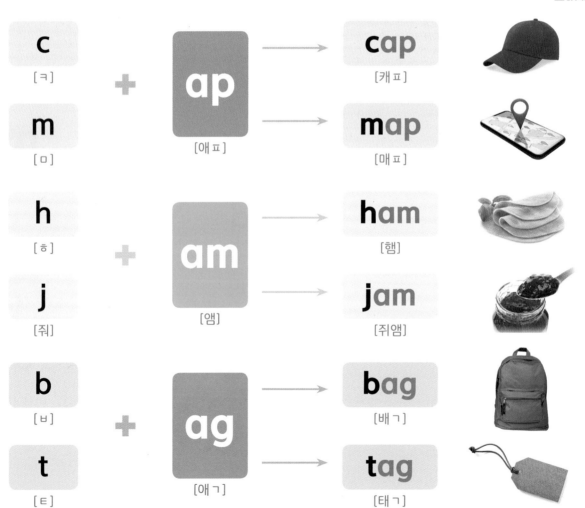

c [ㅋ]
m [ㅁ]
+ ap [애ㅍ] → cap [캐ㅍ]
→ map [매ㅍ]

h [ㅎ]
j [줘]
+ am [앰] → ham [햄]
→ jam [쥐앰]

b [ㅂ]
t [ㅌ]
+ ag [애ㄱ] → bag [배ㄱ]
→ tag [태ㄱ]

cap 야구 모자　map 지도　ham 햄　jam 잼　bag 가방　tag 꼬리표

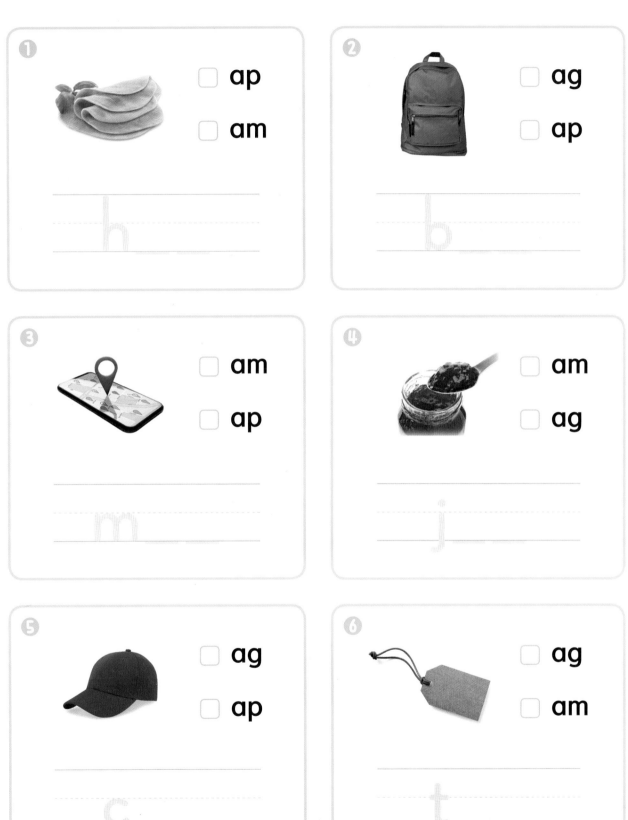

① ☐ ap
☐ am

h

② ☐ ag
☐ ap

b

③ ☐ am
☐ ap

m

④ ☐ am
☐ ag

j

⑤ ☐ ag
☐ ap

c

⑥ ☐ ag
☐ am

t

B 잘 듣고 그림을 고른 후 알맞은 단어를 고르세요.

❶
- [ ] jam
- [ ] ham
- [ ] tag

❷
- [ ] man
- [ ] map
- [ ] cap

❸
- [ ] tag
- [ ] tap
- [ ] bag

❹
- [ ] hat
- [ ] ham
- [ ] jam

❺
- [ ] tag
- [ ] bat
- [ ] bag

❻
- [ ] can
- [ ] cat
- [ ] cap

C 잘 듣고 단어를 고른 후 알맞은 그림을 연결하세요.

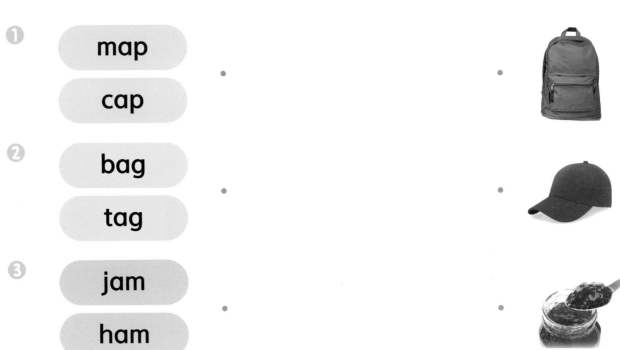

① map / cap

② bag / tag

③ jam / ham

D 글자와 같은 소리가 나는 그림을 연결한 후 단어를 쓰세요.

① am

② ap

③ ag

Day 11 단모음 e - ed en et

★ 단모음 e가 들어간 소리를 익혀요.

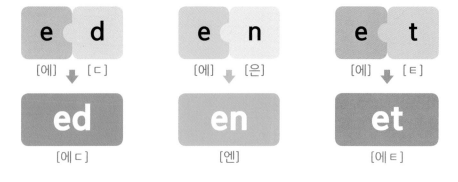

〈자음+e+자음〉 단어에서 e는 힘을 빼고 짧은 [에]로 소리 내요.

★ 단모음 e가 들어간 단어를 잘 듣고 따라 말해요.

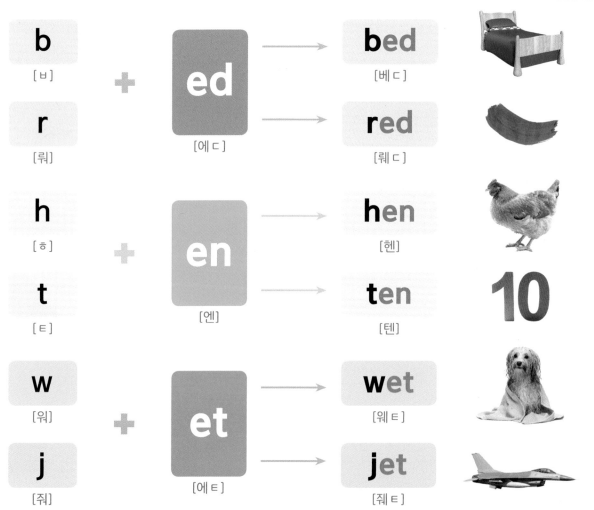

bed 침대 red 빨간색 hen 암탉 ten 10, 열 wet 젖은 jet 제트기

60

❶

☐ ed
☐ en

h_____

❷

☐ et
☐ ed

b_____

❸

☐ et
☐ en

w_____

❹

☐ ed
☐ et

r_____

❺

☐ et
☐ en

j_____

❻

10

☐ ed
☐ en

t_____

1

10

- [ ] red
- [ ] hen
- [ ] ten

2

- [ ] red
- [ ] map
- [ ] bed

3

- [ ] wed
- [ ] wet
- [ ] jet

4

10

- [ ] hat
- [ ] hen
- [ ] ten

5

- [ ] bet
- [ ] bag
- [ ] bed

6

- [ ] jet
- [ ] jam
- [ ] jen

C 잘 듣고 단어를 고른 후 알맞은 그림을 연결하세요.

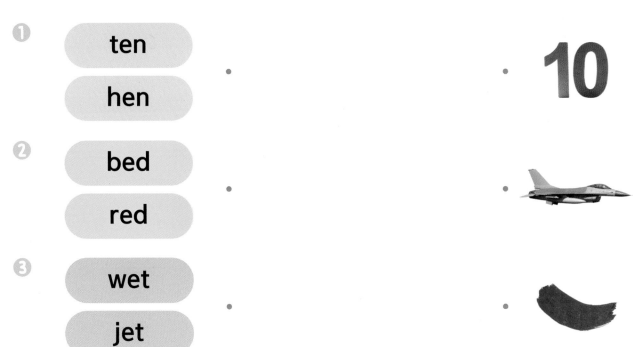

① ten / hen

② bed / red

③ wet / jet

10

D 글자와 같은 소리가 나는 그림을 연결한 후 단어를 쓰세요.

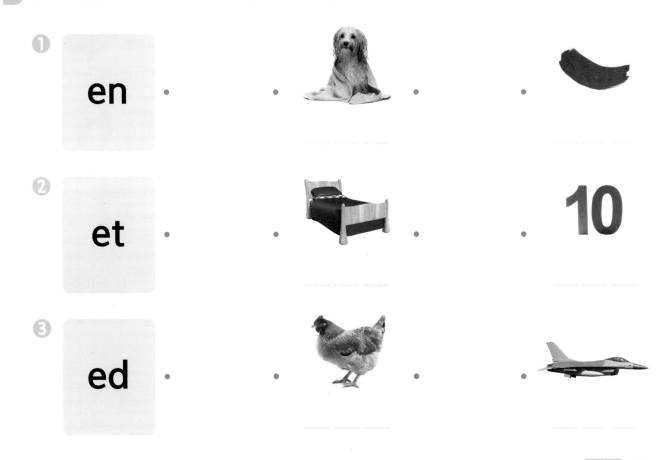

① en

② et

③ ed

10

Day 12 단모음 i - ig ix ip

⭐ 단모음 i가 들어간 소리를 익혀요.

i	g		i	x		i	p
[이]	[ㄱ]		[이]	[ㅋㅅ]		[이]	[ㅍ]

⬇   ⬇   ⬇

ig [이ㄱ]   **ix** [익ㅅ]   **ip** [이ㅍ]

〈자음+i+자음〉
단어에서 i는 [이]보다
턱을 아래로 내리고
짧게 소리 내요.

⭐ 단모음 i가 들어간 단어를 잘 듣고 따라 말해요.

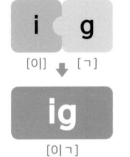
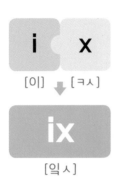
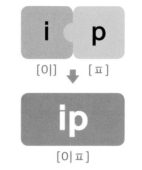
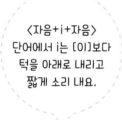

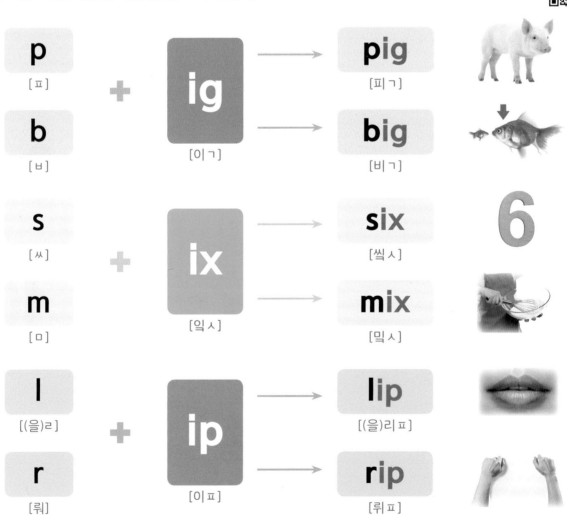

| p [ㅍ] | | | |
| b [ㅂ] | **+** | **ig** [이ㄱ] | → pig [피ㄱ] / → big [비ㄱ] |

| s [ㅆ] | | | |
| m [ㅁ] | **+** | **ix** [익ㅅ] | → six [씩ㅅ] / → mix [믹ㅅ] |

| l [(을)ㄹ] | | | |
| r [뤄] | **+** | **ip** [이ㅍ] | → lip [(을)리ㅍ] / → rip [뤼ㅍ] |

pig 돼지 big 큰 six 6, 여섯 mix 섞다 lip 입술 rip 찢다

A 잘 듣고 알맞은 것을 고른 후 단어를 완성하세요.

①

6
☐ ip
☐ ix

s

②

☐ ig
☐ ip

p

③

☐ ix
☐ ip

l

④

☐ ig
☐ ix

m

⑤

☐ ip
☐ ig

r

⑥

☐ ix
☐ ig

b

B 잘 듣고 그림을 고른 후 알맞은 단어를 고르세요.

①
- ☐ rip
- ☐ six
- ☐ mix

②
- ☐ lip
- ☐ pig
- ☐ six

③
- ☐ pig
- ☐ big
- ☐ bip

④
- ☐ six
- ☐ mix
- ☐ sip

⑤
- ☐ pip
- ☐ pig
- ☐ big

⑥
- ☐ rix
- ☐ lip
- ☐ rip

C 잘 듣고 단어를 고른 후 알맞은 그림을 연결하세요.

1. mix / six
2. pig / big
3. lip / rip

D 글자와 같은 소리가 나는 그림을 연결한 후 단어를 쓰세요.

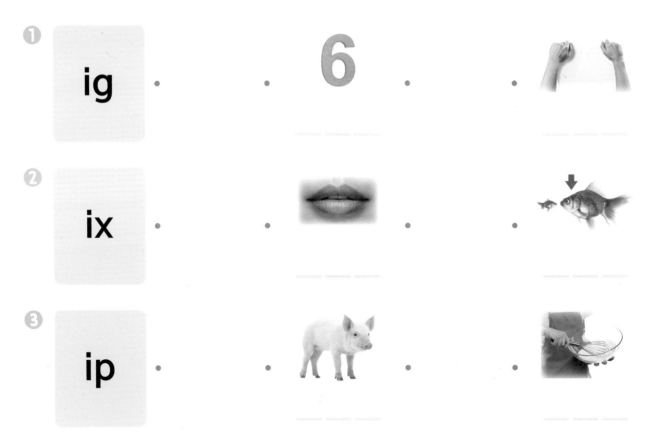

1. ig
2. ix
3. ip

Review 4

1 잘 듣고 알맞은 글자를 연결한 후 단어를 쓰세요.

① **10** — r — **en** — ten

② — d — ad

③ — t — ed

④ — s — at

⑤ **6** — f — ix

⑥ — c — an

⑦ — l — et

⑧ — m — ip

⑨ — w — ap

2 글자와 같은 소리가 나는 그림을 고르세요.

❶ am

❷ ig   6

❸ en

❹ ag

3 단어를 읽고 알맞은 그림의 번호를 쓰세요.

can 3   jam   big   jet

mix   sad   tag   rip

Day 13 단모음 i – it id in

학습 날짜 : 월 일

⭐ 단모음 i가 들어간 소리를 익혀요.

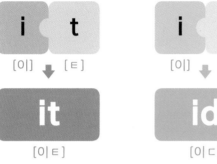
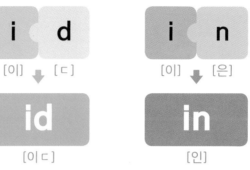

i [이] t [ㅌ] → it [이ㅌ]

i [이] d [ㄷ] → id [이ㄷ]

i [이] n [은] → in [인]

〈자음+i+자음〉 단어에서 i는 [이]보다 턱을 아래로 내리고 짧게 소리 내요.

⭐ 단모음 i가 들어간 단어를 잘 듣고 따라 말해요.

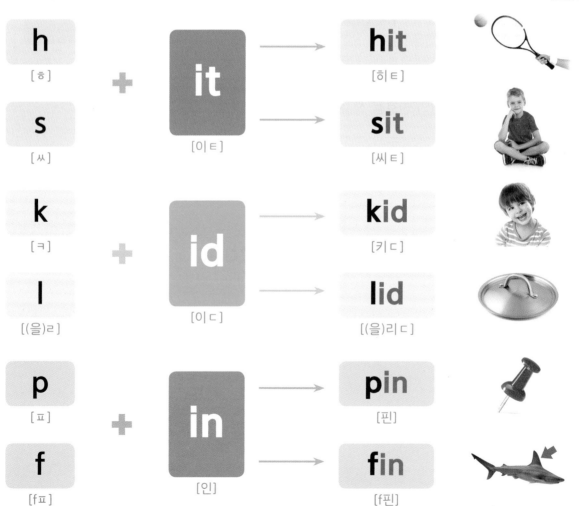

h [ㅎ]
s [ㅆ]
+ it [이ㅌ] → hit [히ㅌ]
→ sit [씨ㅌ]

k [ㅋ]
l [(을)리]
+ id [이ㄷ] → kid [키ㄷ]
→ lid [(을)리ㄷ]

p [ㅍ]
f [fㅍ]
+ in [인] → pin [핀]
→ fin [f핀]

hit 치다 sit 앉다 kid 아이 lid 뚜껑 pin 핀 fin 지느러미

70

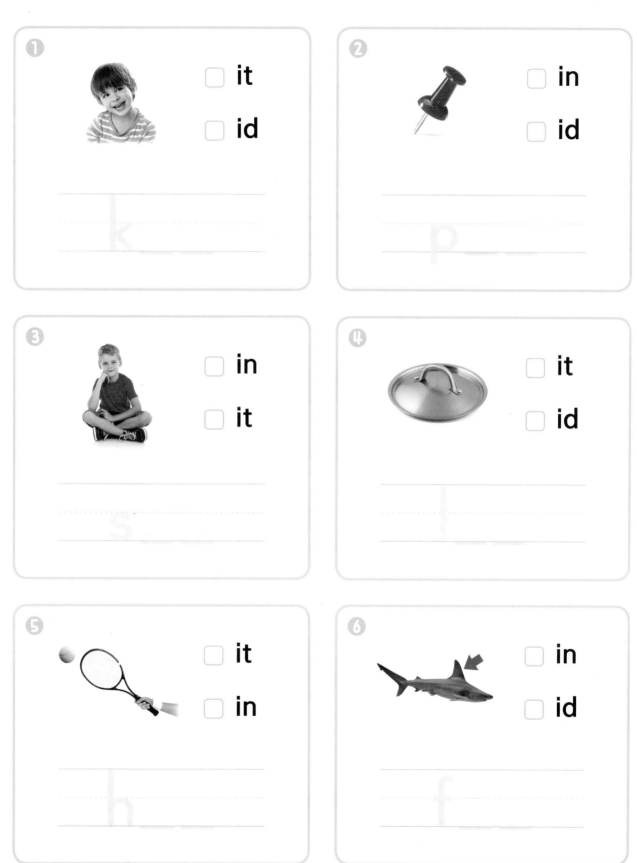

❶ □ it
□ id

❷ □ in
□ id

❸ □ in
□ it

❹ □ it
□ id

❺ □ it
□ in

❻ □ in
□ id

1
- [ ] lid
- [ ] hit
- [ ] kid

2
- [ ] hat
- [ ] hit
- [ ] sit

3
- [ ] lid
- [ ] lip
- [ ] fin

4
- [ ] pig
- [ ] pin
- [ ] pit

5
- [ ] sin
- [ ] six
- [ ] sit

6
- [ ] pin
- [ ] fin
- [ ] fan

C 잘 듣고 단어를 고른 후 알맞은 그림을 연결하세요.

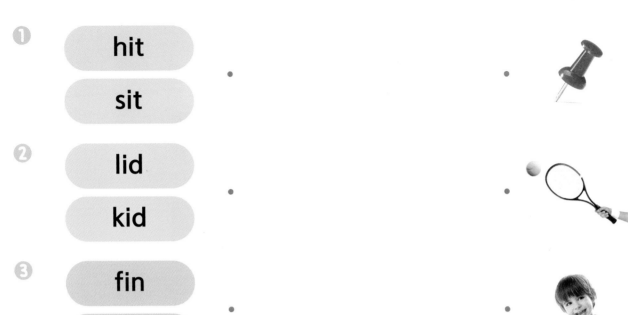

1. hit / sit
2. lid / kid
3. fin / pin

D 글자와 같은 소리가 나는 그림을 연결한 후 단어를 쓰세요.

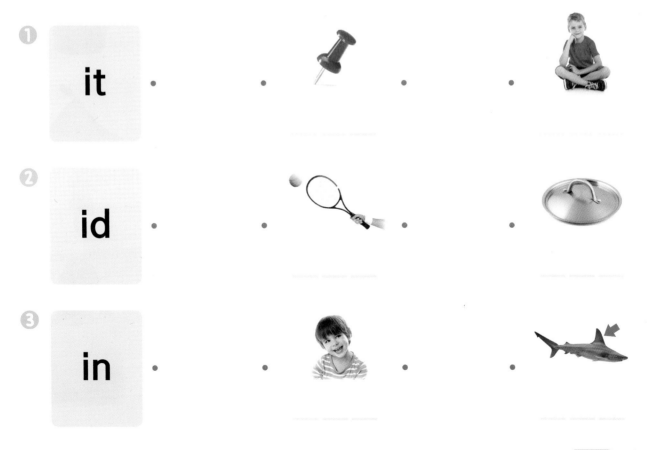

1. it
2. id
3. in

Day 14

단모음 o - ot op og

★ 단모음 o가 들어간 소리를 익혀요.

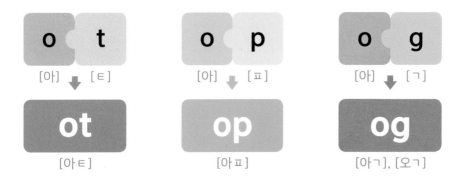

o + t
[아] [ㅌ]
→
ot
[아ㅌ]

o + p
[아] [ㅍ]
→
op
[아ㅍ]

o + g
[아] [ㄱ]
→
og
[아ㄱ], [오ㄱ]

〈자음+o+자음〉
단어에서 o는 입을 크게
벌려 짧고 강하게 [아]
또는 [오] 소리를 내요.

★ 단모음 o가 들어간 단어를 잘 듣고 따라 말해요.

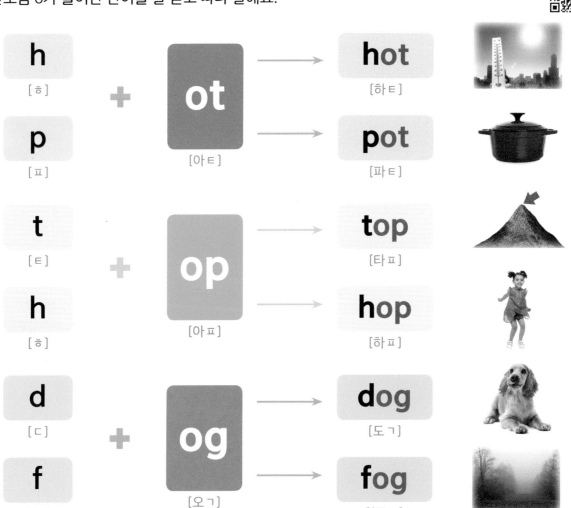

h
[ㅎ]

p
[ㅍ]

+

ot
[아ㅌ]

→ hot
[하ㅌ]

→ pot
[파ㅌ]

t
[ㅌ]

h
[ㅎ]

+

op
[아ㅍ]

→ top
[타ㅍ]

→ hop
[하ㅍ]

d
[ㄷ]

f
[fㅍ]

+

og
[오ㄱ]

→ dog
[도ㄱ]

→ fog
[f포ㄱ]

hot 더운　pot 냄비　top 맨 위　hop 깡충 뛰다　dog 개　fog 안개

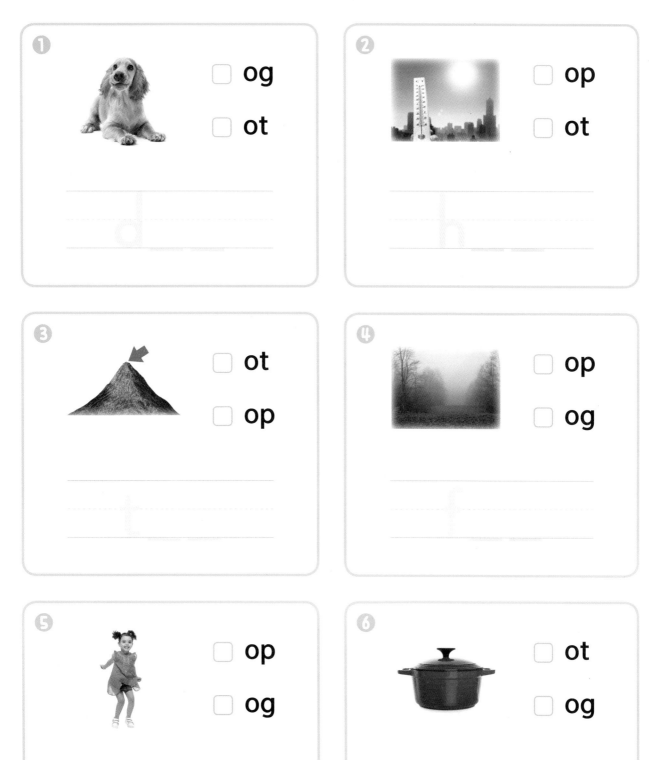

1
- ☐ og
- ☐ ot

2
- ☐ op
- ☐ ot

3
- ☐ ot
- ☐ op

4
- ☐ op
- ☐ og

5
- ☐ op
- ☐ og

6
- ☐ ot
- ☐ og

B 잘 듣고 그림을 고른 후 알맞은 단어를 고르세요.

1
- [ ] top
- [ ] pot
- [ ] hot

2
- [ ] dot
- [ ] dog
- [ ] fog

3
- [ ] top
- [ ] hop
- [ ] pot

4
- [ ] pig
- [ ] fog
- [ ] fot

5
- [ ] hop
- [ ] hat
- [ ] hot

6
- [ ] top
- [ ] hot
- [ ] hop

C 잘 듣고 단어를 고른 후 알맞은 그림을 연결하세요.

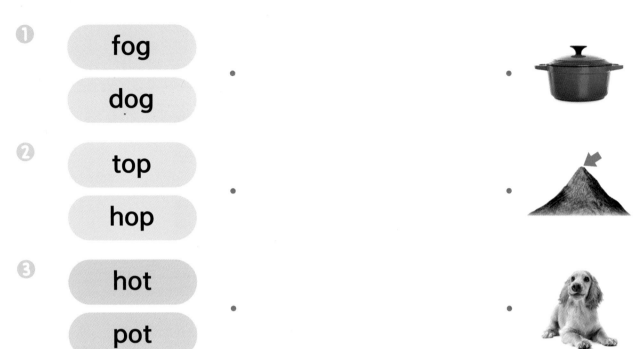

① fog / dog

② top / hop

③ hot / pot

D 글자와 같은 소리가 나는 그림을 연결한 후 단어를 쓰세요.

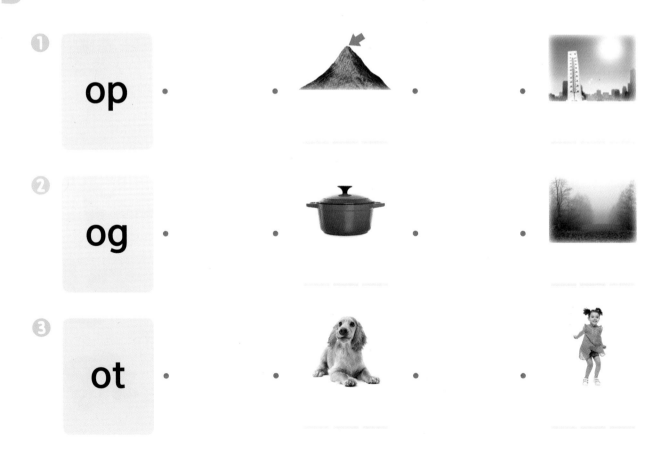

① op

② og

③ ot

Day 15 단모음 u - ug un ut

⭐ 단모음 u가 들어간 소리를 익혀요.

u	g
[어]	[ㄱ]

ug
[어ㄱ]

u	n
[어]	[은]

un
[언]

u	t
[어]	[ㅌ]

ut
[어ㅌ]

〈자음+u+자음〉
단어에서 u는 [어]보다
입을 옆으로 더 벌려
짧게 소리 내요.

⭐ 단모음 u가 들어간 단어를 잘 듣고 따라 말해요.

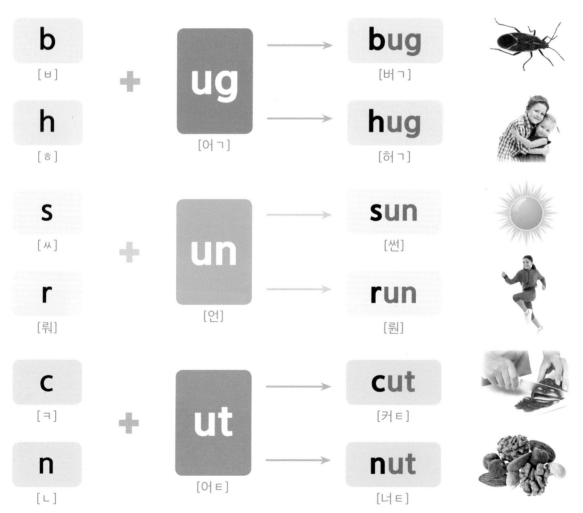

b
[ㅂ]

h
[ㅎ]

ug
[어ㄱ]

→ **bug**
[버ㄱ]

→ **hug**
[허ㄱ]

s
[ㅆ]

r
[뤄]

un
[언]

→ **sun**
[썬]

→ **run**
[뤈]

c
[ㅋ]

n
[ㄴ]

ut
[어ㅌ]

→ **cut**
[커ㅌ]

→ **nut**
[너ㅌ]

bug 벌레   hug 꺼안다   sun 해   run 달리다   cut 자르다   nut 견과

❶
☐ ug
☐ un

s

❷
☐ ug
☐ ut

b

❸
☐ ut
☐ un

n

❹
☐ un
☐ ug

r

❺
☐ ut
☐ ug

h

❻
☐ un
☐ ut

c

1
- [ ] sun
- [ ] nut
- [ ] hug

2
- [ ] hug
- [ ] dog
- [ ] bug

3
- [ ] sun
- [ ] rug
- [ ] run

4
- [ ] cat
- [ ] cut
- [ ] cun

5
- [ ] bug
- [ ] hug
- [ ] hut

6
- [ ] cut
- [ ] nun
- [ ] nut

C 잘 듣고 단어를 고른 후 알맞은 그림을 연결하세요.

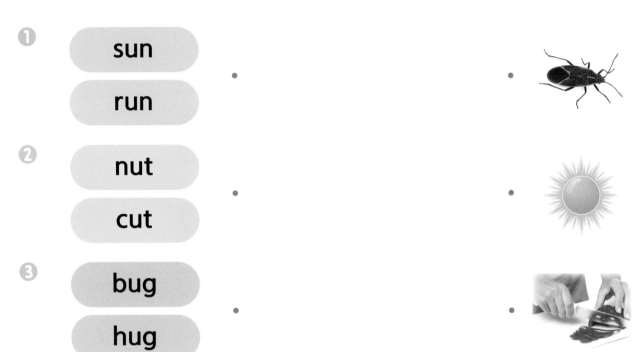

① sun / run

② nut / cut

③ bug / hug

D 글자와 같은 소리가 나는 그림을 연결한 후 단어를 쓰세요.

① ut

② ug

③ un

Day 16 단모음 u – up ud ub

⭐ 단모음 u가 들어간 소리를 익혀요.

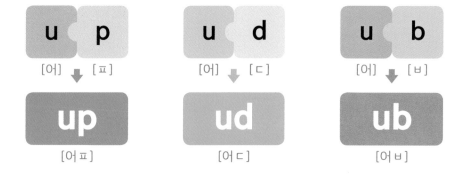

u	p		u	d		u	b
[어]	[ㅍ]		[어]	[ㄷ]		[어]	[ㅂ]

up [어ㅍ]　　ud [어ㄷ]　　ub [어ㅂ]

〈자음+u+자음〉
단어에서 u는 [어]보다
입을 옆으로 더 벌려
짧게 소리 내요.

⭐ 단모음 u가 들어간 단어를 잘 듣고 따라 말해요.

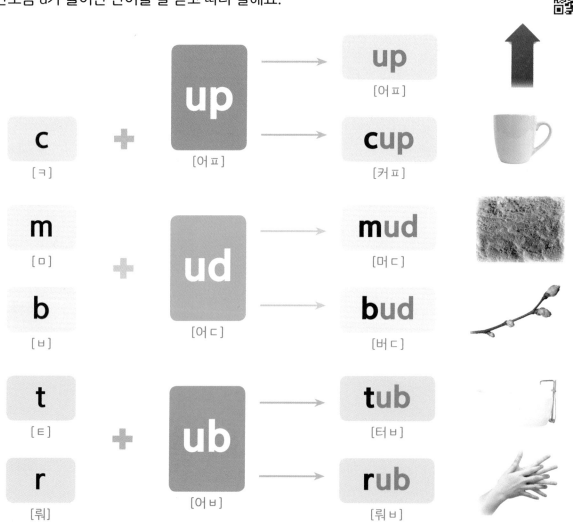

c [ㅋ] + up [어ㅍ] → up [어ㅍ] / cup [커ㅍ]

m [ㅁ] / b [ㅂ] + ud [어ㄷ] → mud [머ㄷ] / bud [버ㄷ]

t [ㅌ] / r [뤄] + ub [어ㅂ] → tub [터ㅂ] / rub [뤄ㅂ]

up 위로   cup 컵   mud 진흙   bud 싹   tub 욕조   rub 문지르다

A 잘 듣고 알맞은 것을 고른 후 단어를 완성하세요.

① ☐ up ☐ ud

c_____

② ☐ ud ☐ ub

m_____

③ ☐ up ☐ ub

t_____

④ ☐ ud ☐ up

⑤ ☐ ub ☐ up

r_____

⑥ ☐ ub ☐ ud

b_____

B 잘 듣고 그림을 고른 후 알맞은 단어를 고르세요.

1
- ☐ up
- ☐ ut
- ☐ cup

2
- ☐ rub
- ☐ cup
- ☐ mud

3
- ☐ tub
- ☐ rub
- ☐ tag

4
- ☐ cap
- ☐ cup
- ☐ cut

5
- ☐ run
- ☐ rup
- ☐ rub

6
- ☐ bed
- ☐ bud
- ☐ bug

C 잘 듣고 단어를 고른 후 알맞은 그림을 연결하세요.

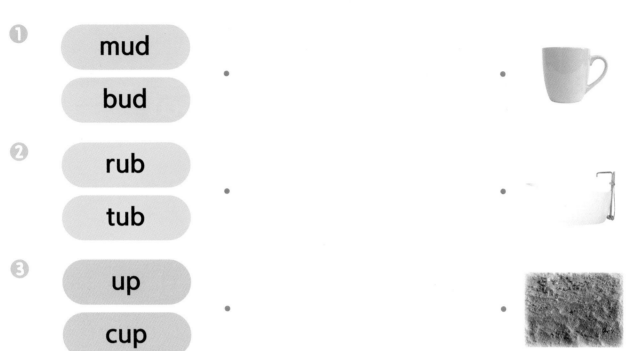

① mud
  bud

② rub
  tub

③ up
  cup

D 글자와 같은 소리가 나는 그림을 연결한 후 단어를 쓰세요.

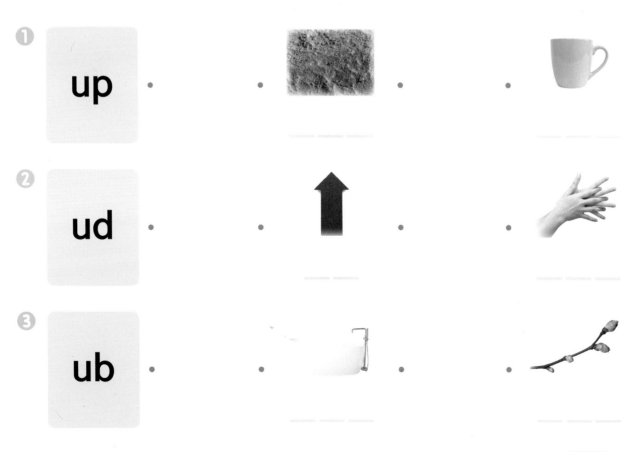

① up

② ud

③ ub

1 잘 듣고 알맞은 글자를 연결한 후 단어를 쓰세요.

①   **t** **ot** _____

②   **p** **un** _____

③   **h** **ub** _____

④   **s** **it** _____

⑤  **k** **ug** _____

⑥   **m** **ud** _____

⑦   **b** **id** _____

⑧   **n** **og** _____

⑨   **d** **ut** _____

2 글자와 같은 소리가 나는 그림을 고르세요.

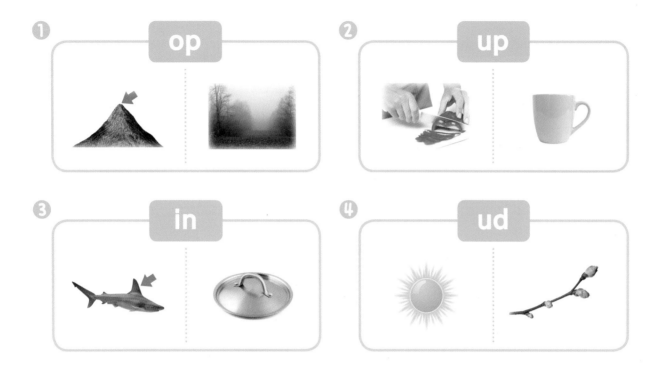

❶ op

❷ up

❸ in

❹ ud

3 단어를 읽고 알맞은 그림의 번호를 쓰세요.

| sit | hot | up | rub |

| hop | run | hug | pin |

❶   ❷   ❸   ❹

❺   ❻   ❼   ❽

Chapter 3

장모음

영어의 모음인 a, e, i, o, u는 단어에서
단모음(짧게 소리 나는 모음)으로 쓰이기도 하고,
장모음(길게 소리 나는 모음)으로 쓰이기도 해요.
이번 Chapter에서는 장모음으로 쓰이는 경우를 알아봐요.

Day 17 장모음 a - ake ame ave

⭐ 장모음 a가 들어간 소리를 익혀요.

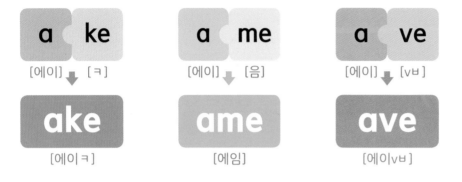

a [에이]	ke [ㅋ]	a [에이]	me [음]	a [에이]	ve [v브]
ake [에이ㅋ]		ame [에이ㅁ]		ave [에이v브]	

〈자음+a+자음+e〉
단어에서 a는
[에이] 소리가 나고
끝에 있는 e는
소리가 안 나요.

⭐ 장모음 a가 들어간 단어를 잘 듣고 따라 말해요.

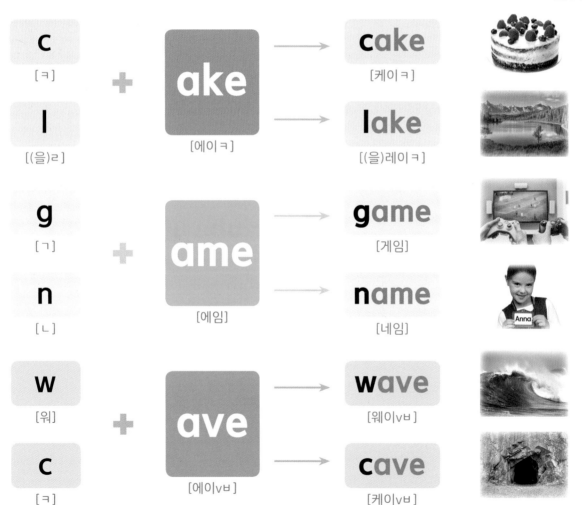

c [ㅋ]
l [(을)ㄹ]
+
ake [에이ㅋ]
→ cake [케이ㅋ]
→ lake [(을)레이ㅋ]

g [ㄱ]
n [ㄴ]
+
ame [에이ㅁ]
→ game [게임]
→ name [네임]

w [워]
c [ㅋ]
+
ave [에이v브]
→ wave [웨이v브]
→ cave [케이v브]

cake 케이크   lake 호수   game 게임   name 이름   wave 파도   cave 동굴

❶
☐ ake
☐ ave

❷
☐ ame
☐ ave

❸
☐ ave
☐ ame

❹
☐ ame
☐ ake

❺
☐ ave
☐ ake

❻
☐ ake
☐ ame

B 잘 듣고 그림을 고른 후 알맞은 단어를 고르세요.

❶
- ☐ wave
- ☐ save
- ☐ cave

❷
- ☐ name
- ☐ game
- ☐ same

❸
- ☐ cake
- ☐ bake
- ☐ lake

❹
- ☐ cake
- ☐ cave
- ☐ cane

❺
- ☐ nine
- ☐ name
- ☐ nave

❻
- ☐ cave
- ☐ cane
- ☐ cake

C 잘 듣고 단어를 고른 후 알맞은 그림을 연결하세요.

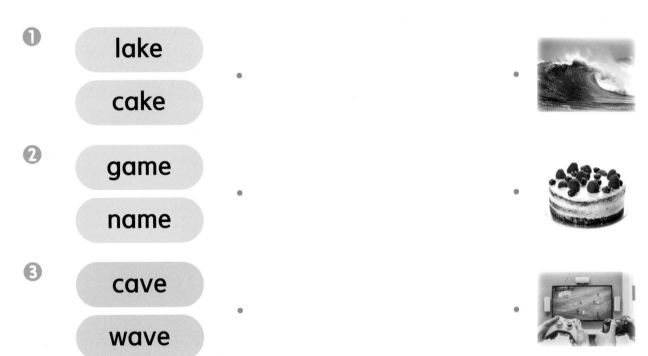

❶ lake / cake

❷ game / name

❸ cave / wave

D 글자와 같은 소리가 나는 그림을 연결한 후 단어를 쓰세요.

❶ ave

❷ ake

❸ ame

장모음 a – ane ape ate

⭐ 장모음 a가 들어간 소리를 익혀요.

a ne
[에이] [은]

ane
[에인]

a pe
[에이] [ㅍ]

ape
[에이ㅍ]

a te
[에이] [ㅌ]

ate
[에이ㅌ]

〈자음+a+자음+e〉
단어에서 a는
[에이] 소리가 나고
끝에 있는 e는
소리가 안 나요.

⭐ 장모음 a가 들어간 단어를 잘 듣고 따라 말해요.

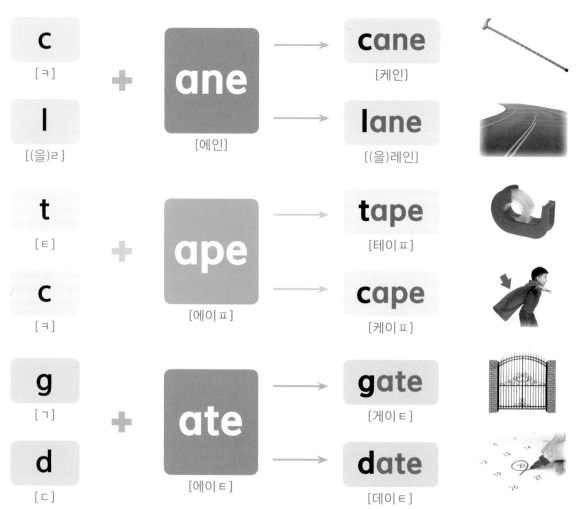

c
[ㅋ]

l
[(을)ㄹ]

ane
[에인]

cane
[케인]

lane
[(을)레인]

t
[ㅌ]

c
[ㅋ]

ape
[에이ㅍ]

tape
[테이ㅍ]

cape
[케이ㅍ]

g
[ㄱ]

d
[ㄷ]

ate
[에이ㅌ]

gate
[게이ㅌ]

date
[데이ㅌ]

cane 지팡이   lane 차선   tape 테이프   cape 망토   gate 대문   date 날짜

A 잘 듣고 알맞은 것을 고른 후 단어를 완성하세요.

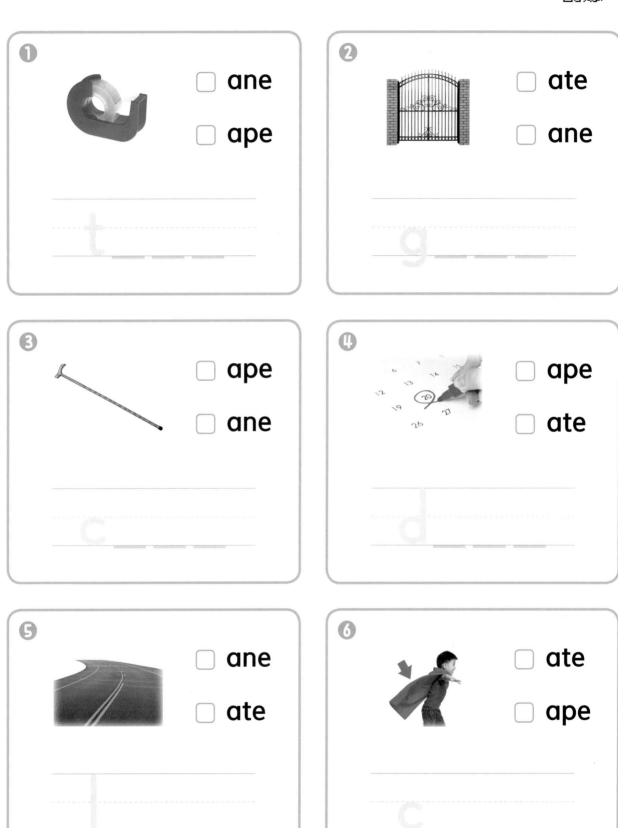

❶
☐ ane
☐ ape

t _ _ _

❷
☐ ate
☐ ane

g _ _ _

❸
☐ ape
☐ ane

c _ _ _

❹
☐ ape
☐ ate

d _ _ _

❺
☐ ane
☐ ate

t _ _ _

❻
☐ ate
☐ ape

c _ _ _

①
- ☐ cane
- ☐ lane
- ☐ mane

②
- ☐ cape
- ☐ tape
- ☐ cave

③
- ☐ date
- ☐ gate
- ☐ mate

④
- ☐ take
- ☐ tape
- ☐ date

⑤
- ☐ game
- ☐ gave
- ☐ gate

⑥
- ☐ cape
- ☐ cake
- ☐ cane

C 잘 듣고 단어를 고른 후 알맞은 그림을 연결하세요.

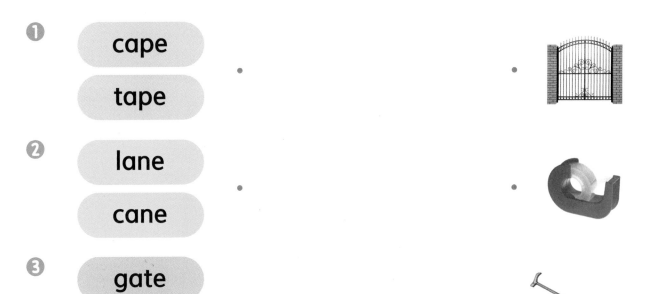

① cape / tape

② lane / cane

③ gate / date

D 글자와 같은 소리가 나는 그림을 연결한 후 단어를 쓰세요.

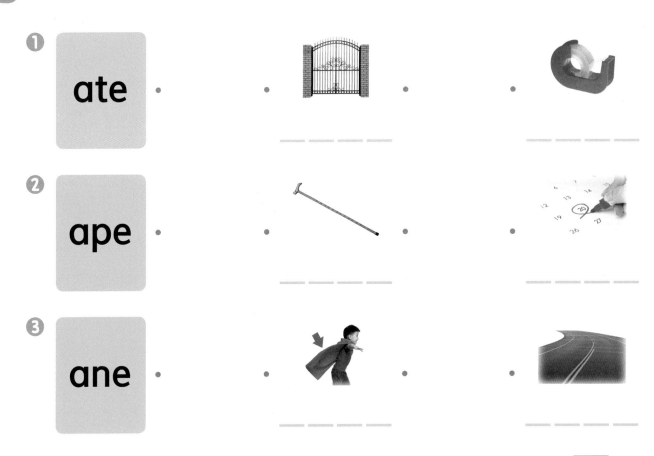

① ate

② ape

③ ane

Day 19 장모음 i - ike ite ine

⭐ 장모음 i가 들어간 소리를 익혀요.

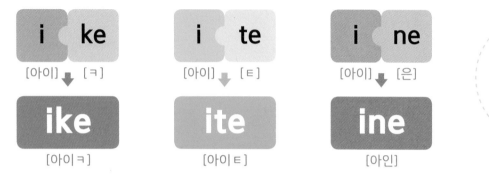

i	ke	i	te	i	ne
[아이]	[ㅋ]	[아이]	[ㅌ]	[아이]	[은]

ike [아이ㅋ]　**ite** [아이ㅌ]　**ine** [아인]

〈자음+i+자음+e〉
단어에서 i는
[아이] 소리가 나고
끝에 있는 e는
소리가 안 나요.

⭐ 장모음 i가 들어간 단어를 잘 듣고 따라 말해요.

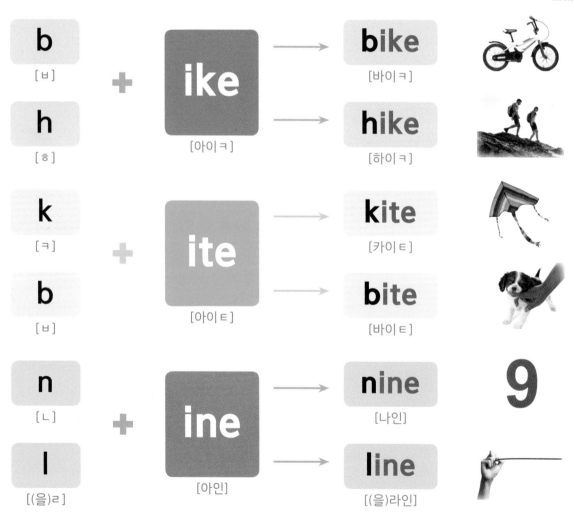

b [ㅂ]
h [ㅎ]
+ **ike** [아이ㅋ]
→ **bike** [바이ㅋ]
→ **hike** [하이ㅋ]

k [ㅋ]
b [ㅂ]
+ **ite** [아이ㅌ]
→ **kite** [카이ㅌ]
→ **bite** [바이ㅌ]

n [ㄴ]
l [(을)ㄹ]
+ **ine** [아인]
→ **nine** [나인]
→ **line** [(을)라인]

bike 자전거　hike 하이킹　kite 연　bite 물다　nine 9, 아홉　line 선

A 잘 듣고 알맞은 것을 고른 후 단어를 완성하세요.

①
☐ ike
☐ ite

k _ _ _

②
☐ ine
☐ ike

b _ _ _

③
9
☐ ite
☐ ine

n _ _ _

④
☐ ike
☐ ine

h _ _ _

⑤
☐ ite
☐ ike

b _ _ _

⑥
☐ ine
☐ ite

l _ _ _

B 잘 듣고 그림을 고른 후 알맞은 단어를 고르세요.

❶
- [ ] bike
- [ ] like
- [ ] hike

❷
- [ ] kite
- [ ] site
- [ ] bite

❸
- [ ] line
- [ ] nine
- [ ] lane

❹
- [ ] bake
- [ ] bike
- [ ] bite

❺
- [ ] kine
- [ ] kite
- [ ] cake

❻
- [ ] nine
- [ ] nike
- [ ] name

C 잘 듣고 단어를 고른 후 알맞은 그림을 연결하세요.

① line / nine

② bike / hike

③ kite / bite

9

D 글자와 같은 소리가 나는 그림을 연결한 후 단어를 쓰세요.

① ike

9

_____

② ine

_____

③ ite

_____

Review 6

1 잘 듣고 알맞은 글자를 연결한 후 단어를 쓰세요.

①   (t)   (ite)   _____

②   (d)   (ape)   _____

③   (k)   (ake)   _____

④    (c)   (ate)   _____

⑤   (g)   (ike)   _____

⑥    (l)   (ame)   _____

⑦   (b)   (ane)   _____

⑧   (w)   (ine)   _____

⑨ 9   (n)   (ave)   _____

2 글자와 같은 소리가 나는 그림을 고르세요.

① ave

② ike

③ ine

④ ate

3 단어를 읽고 알맞은 그림의 번호를 쓰세요.

cave	hike	gate	line
lake	name	bite	cane

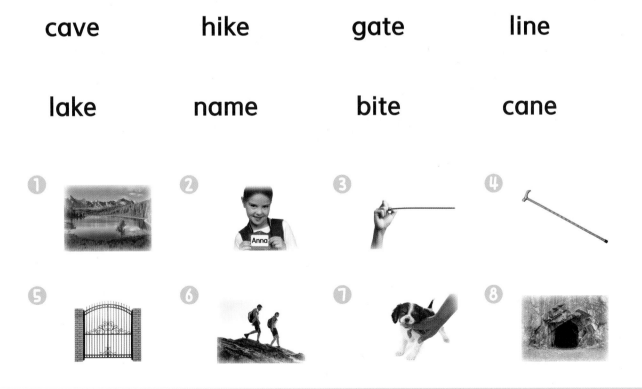

Day 20

장모음 i – ive ide ice

★ 장모음 i가 들어간 소리를 익혀요.

| i [아이] | ve [v ㅂ] | i [아이] | de [ㄷ] | i [아이] | ce [ㅅ] |

ive [아이v ㅂ]

ide [아이ㄷ]

ice [아이ㅅ]

〈자음+i+자음+e〉 단어에서 i는 [아이] 소리가 나고 끝에 있는 e는 소리가 안 나요.

★ 장모음 i가 들어간 단어를 잘 듣고 따라 말해요.

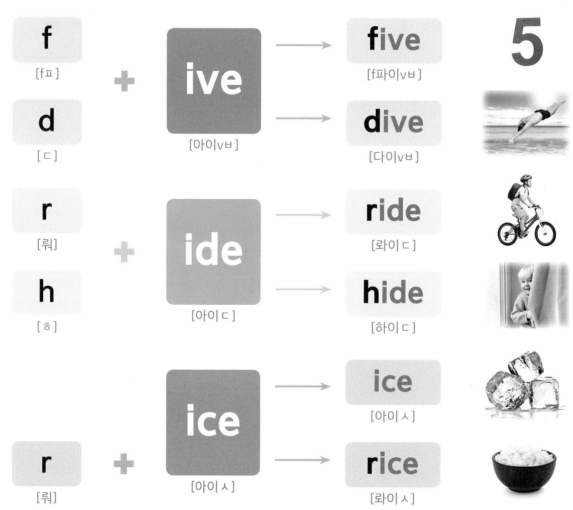

f [fㅍ]

d [ㄷ]

ive [아이v ㅂ]
→ **five** [fㅍ아이v ㅂ] **5**
→ **dive** [다이v ㅂ]

r [뤄]

h [ㅎ]

ide [아이ㄷ]
→ **ride** [롸이ㄷ]
→ **hide** [하이ㄷ]

ice [아이ㅅ]
→ **ice** [아이ㅅ]

r [뤄]
→ **rice** [롸이ㅅ]

---

five 5, 다섯   dive 다이빙하다   ride 타다   hide 숨다   ice 얼음   rice 쌀, 밥

A 잘 듣고 알맞은 것을 고른 후 단어를 완성하세요.

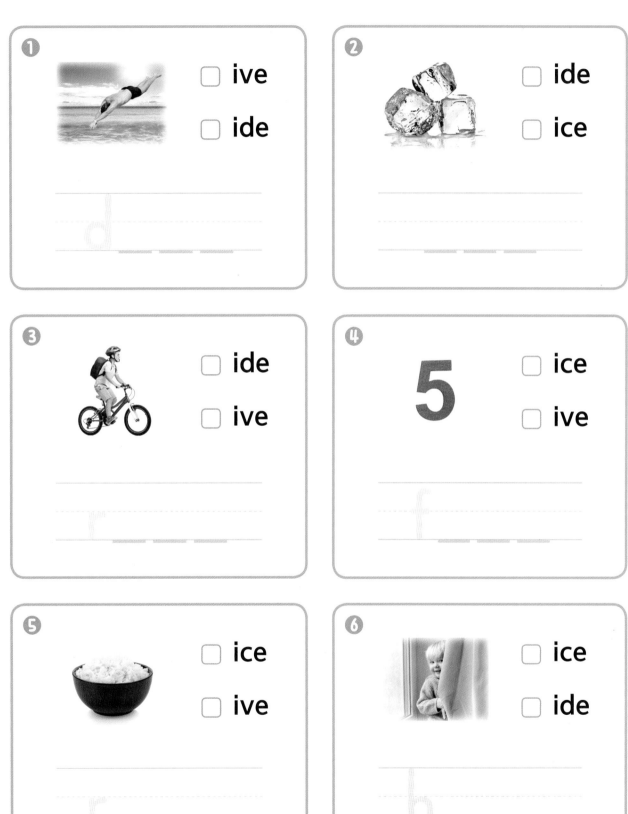

①
☐ ive
☐ ide

②
☐ ide
☐ ice

③
☐ ide
☐ ive

④
5
☐ ice
☐ ive

⑤
☐ ice
☐ ive

⑥
☐ ice
☐ ide

B 잘 듣고 그림을 고른 후 알맞은 단어를 고르세요.

❶
- [ ] ide
- [ ] ive
- [ ] ice

❷
- [ ] hide
- [ ] ride
- [ ] side

❸
5
- [ ] fine
- [ ] five
- [ ] dive

❹
- [ ] hike
- [ ] hive
- [ ] hide

❺
- [ ] dive
- [ ] dice
- [ ] bike

❻
- [ ] ride
- [ ] rice
- [ ] rive

C 잘 듣고 단어를 고른 후 알맞은 그림을 연결하세요.

❶
ice
rice

❷
hide
ride

5

❸
dive
five

D 글자와 같은 소리가 나는 그림을 연결한 후 단어를 쓰세요.

❶ ide

❷ ice

5

❸ ive

장모음 o - ose one ope

⭐ 장모음 o가 들어간 소리를 익혀요.

o	se		o	ne		o	pe
[오우]	[ㅈ]		[오우]	[은]		[오우]	[ㅍ]

ose [오우ㅈ]   **one** [오운]   **ope** [오우ㅍ]

〈자음+o+자음+e〉
단어에서 o는
[오우] 소리가 나고
끝에 있는 e는
소리가 안 나요.

⭐ 장모음 o가 들어간 단어를 잘 듣고 따라 말해요.

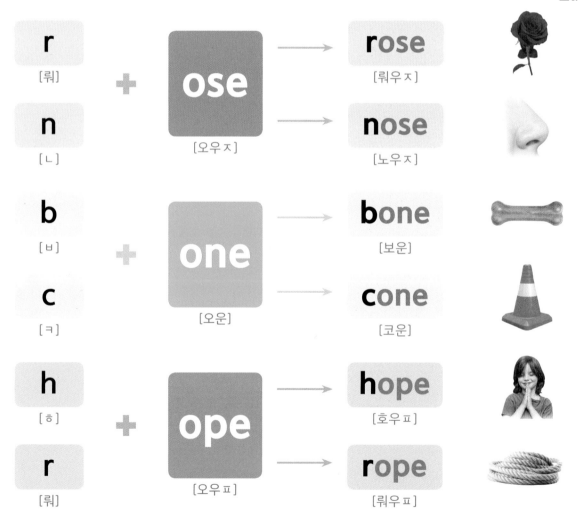

r [뤄] + ose [오우ㅈ] → rose [뤄우ㅈ]

n [ㄴ] → nose [노우ㅈ]

b [ㅂ] + one [오운] → bone [보운]

c [ㅋ] → cone [코운]

h [ㅎ] + ope [오우ㅍ] → hope [호우ㅍ]

r [뤄] → rope [뤄우ㅍ]

rose 장미   nose 코   bone 뼈   cone 원뿔   hope 바라다   rope 밧줄

①

☐ ope
☐ ose

r _ _ _

②
☐ ose
☐ one

b _ _ _

③
☐ ope
☐ one

r _ _ _

④
☐ ose
☐ one

n _ _ _

⑤
☐ ope
☐ one

c _ _ _

⑥
☐ ose
☐ ope

h _ _ _

B 잘 듣고 그림을 고른 후 알맞은 단어를 고르세요.

①
- [ ] nose
- [ ] hose
- [ ] rose

②
- [ ] cone
- [ ] bone
- [ ] none

③
- [ ] hope
- [ ] rope
- [ ] nope

④
- [ ] cope
- [ ] cone
- [ ] bone

⑤
- [ ] rose
- [ ] nose
- [ ] none

⑥
- [ ] rope
- [ ] rose
- [ ] rone

C 잘 듣고 단어를 고른 후 알맞은 그림을 연결하세요.

① bone / cone

② nose / rose

③ hope / rope

D 글자와 같은 소리가 나는 그림을 연결한 후 단어를 쓰세요.

① ope

_____   _____

② ose

_____   _____

③ one

_____   _____

Day 22 장모음 **u-ube ute une**

⭐ 장모음 u가 들어간 소리를 익혀요.

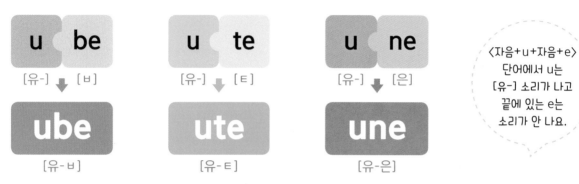

u	be	u	te	u	ne
[유-]	[ㅂ]	[유-]	[ㅌ]	[유-]	[은]

ube [유-ㅂ]　　**ute** [유-ㅌ]　　**une** [유-은]

〈자음+u+자음+e〉 단어에서 u는 [유-] 소리가 나고 끝에 있는 e는 소리가 안 나요.

⭐ 장모음 u가 들어간 단어를 잘 듣고 따라 말해요.

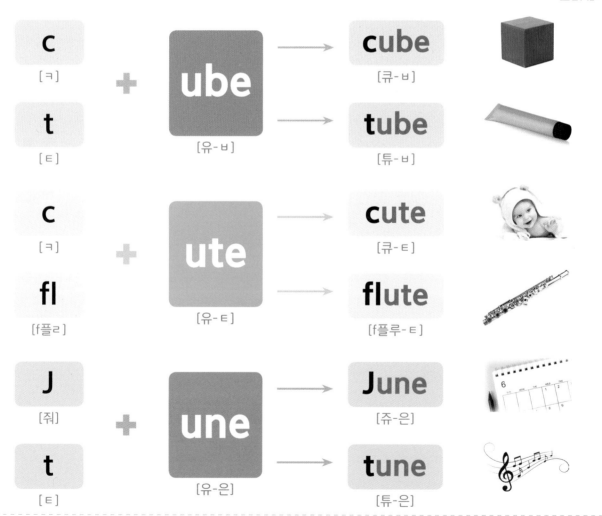

c [ㅋ]
t [ㅌ]
+ **ube** [유-ㅂ]
→ **cube** [큐-ㅂ]
→ **tube** [튜-ㅂ]

c [ㅋ]
fl [f플ㄹ]
+ **ute** [유-ㅌ]
→ **cute** [큐-ㅌ]
→ **flute** [f플루-ㅌ]

J [쥐]
t [ㅌ]
+ **une** [유-은]
→ **June** [쥬-은]
→ **tune** [튜-은]

cube 정육면체　tube 튜브　cute 귀여운　flute 플루트　June 6월　tune 곡, 선율
June 등의 월 이름은 첫 글자를 대문자로 표기해요.

A 잘 듣고 알맞은 것을 고른 후 단어를 완성하세요.

❶
☐ ute
☐ ube

❷
☐ une
☐ ute

❸
☐ ute
☐ une

❹
☐ ube
☐ une

❺
☐ ute
☐ ube

❻
☐ une
☐ ube

B 잘 듣고 그림을 고른 후 알맞은 단어를 고르세요.

①
- ☐ June
- ☐ tune
- ☐ flute

②
- ☐ cute
- ☐ cube
- ☐ tube

③
- ☐ cute
- ☐ June
- ☐ flute

④
- ☐ cube
- ☐ tune
- ☐ tube

⑤
- ☐ cube
- ☐ cute
- ☐ flute

⑥
- ☐ tube
- ☐ tune
- ☐ June

C 잘 듣고 단어를 고른 후 알맞은 그림을 연결하세요.

①
cute
flute

②
June
tune

③
cube
tube

D 글자와 같은 소리가 나는 그림을 연결한 후 단어를 쓰세요.

① ute

② ube

③ une

Review 7

1 잘 듣고 알맞은 글자를 연결한 후 단어를 쓰세요.

①   n ide _____

② **5** h ose _____

③ (image) c ive _____

④   f ute _____

⑤   b one _____

⑥   J ube _____

⑦  t ice _____

⑧   h une _____

⑨   r ope _____

2 글자와 같은 소리가 나는 그림을 고르세요.

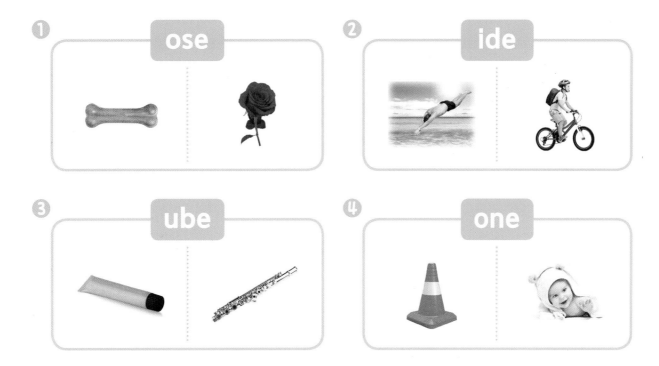

① **ose**

② **ide**

③ **ube**

④ **one**

3 단어를 읽고 알맞은 그림의 번호를 쓰세요.

rope	dive	cube	ice

ride	flute	tune	rose

①　②　③　④

⑤　⑥　⑦　⑧

Chapter 4

이중자음

bl, tr, sm처럼 자음 두 개가 나란히 오는 것을 '이중자음'이라고 해요.
이번 Chapter에서는 이중자음이 어떤 소리가 나는지 알아봐요.

이중자음 bl cl fl

⭐ l이 들어간 이중자음의 소리를 익혀요.

b	l
[ㅂ]	[(을)ㄹ]

↓

bl

[블ㄹ]

c	l
[ㅋ]	[(을)ㄹ]

↓

cl

[클ㄹ]

f	l
[fㅍ]	[(을)ㄹ]

↓

fl

[f플ㄹ]

자음 뒤에 l이 오면
bl[블ㄹ], cl[클ㄹ], fl[f플ㄹ]
처럼 l을 받침으로 소리 내요.
앞 자음보다 l을 강하게
발음해요.

⭐ 이중자음이 들어간 단어를 잘 듣고 따라 말해요.

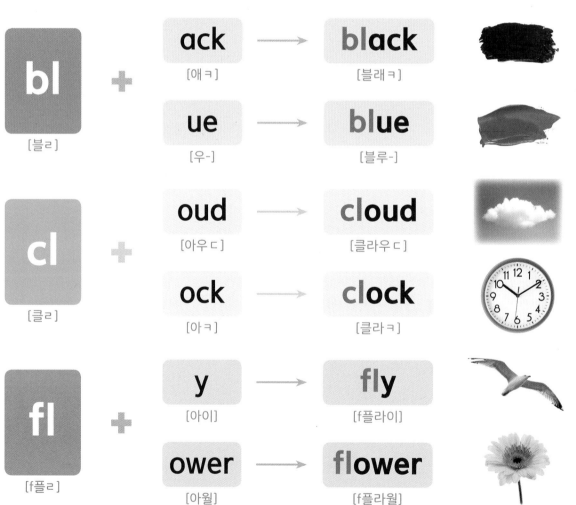

bl
[블ㄹ]

\+

ack [애ㅋ] → **black** [블래ㅋ]

ue [우-] → **blue** [블루-]

cl
[클ㄹ]

\+

oud [아우ㄷ] → **cloud** [클라우ㄷ]

ock [아ㅋ] → **clock** [클라ㅋ]

fl
[f플ㄹ]

\+

y [아이] → **fly** [f플라이]

ower [아월] → **flower** [f플라월]

black 검은색   blue 파란색   cloud 구름   clock 시계   fly 날다   flower 꽃

A 잘 듣고 알맞은 것을 고른 후 단어를 완성하세요.

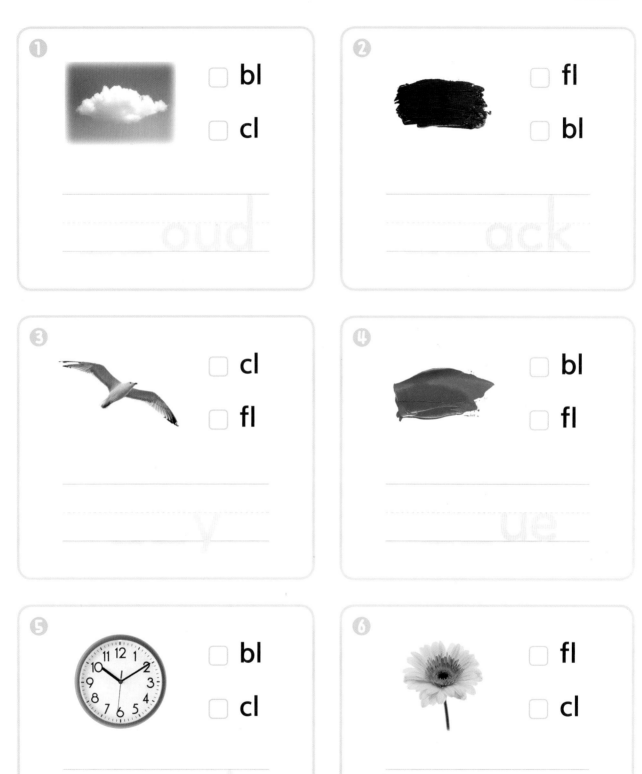

① ☐ bl ☐ cl — oud

② ☐ fl ☐ bl — ack

③ ☐ cl ☐ fl — y

④ ☐ bl ☐ fl — ue

⑤ ☐ bl ☐ cl — ock

⑥ ☐ fl ☐ cl — ower

B 잘 듣고 그림을 고른 후 알맞은 단어를 고르세요.

1
- ☐ blue
- ☐ cloud
- ☐ flower

2
- ☐ blue
- ☐ clock
- ☐ fly

3
- ☐ black
- ☐ clock
- ☐ flower

4
- ☐ cloud
- ☐ clock
- ☐ block

5
- ☐ black
- ☐ blue
- ☐ clue

6
- ☐ fly
- ☐ clower
- ☐ flower

C 잘 듣고 단어를 고른 후 알맞은 그림을 연결하세요.

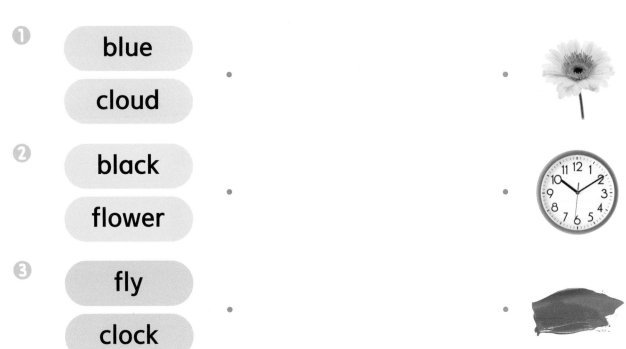

① blue
   cloud

② black
   flower

③ fly
   clock

D 글자와 같은 소리가 나는 그림을 연결한 후 단어를 완성하세요.

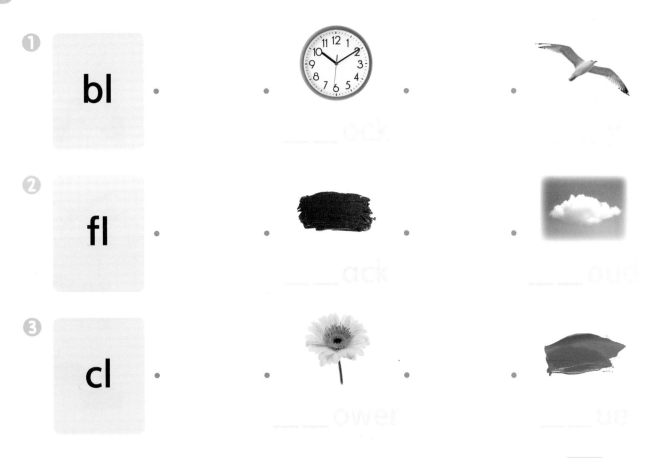

① bl

② fl

③ cl

Day 24 이중자음 gl pl sl

★ l이 들어간 이중자음의 소리를 익혀요.

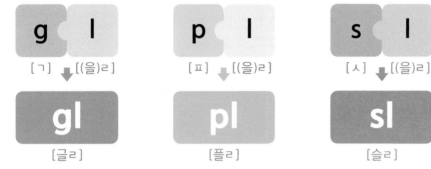

g	l
[ㄱ]	[(을)ㄹ]

gl
[글ㄹ]

p	l
[ㅍ]	[(을)ㄹ]

pl
[플ㄹ]

s	l
[ㅅ]	[(을)ㄹ]

sl
[슬ㄹ]

자음 뒤에 l이 오면
gl[글ㄹ], pl[플ㄹ], sl[슬ㄹ]
처럼 l을 받침으로 소리 내요.
앞 자음보다 l을 강하게
발음해요.

★ 이중자음이 들어간 단어를 잘 듣고 따라 말해요.

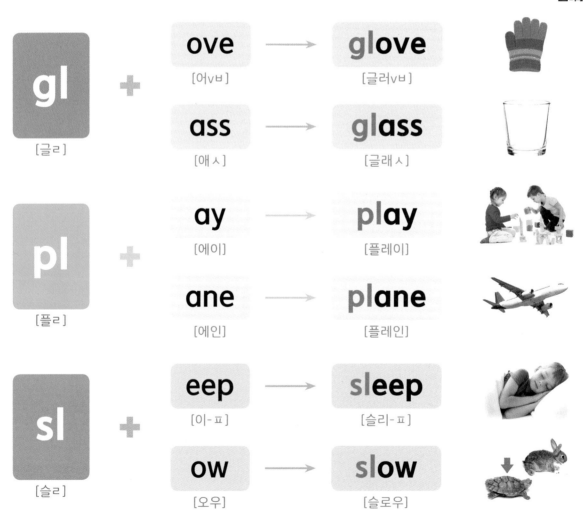

gl
[글ㄹ]

+

ove
[어v브]
→
glove
[글러v브]

ass
[애ㅅ]
→
glass
[글래ㅅ]

pl
[플ㄹ]

+

ay
[에이]
→
play
[플레이]

ane
[에인]
→
plane
[플레인]

sl
[슬ㄹ]

+

eep
[이-ㅍ]
→
sleep
[슬리-ㅍ]

ow
[오우]
→
slow
[슬로우]

glove 장갑   glass 유리잔   play 놀다   plane 비행기   sleep 잠자다   slow 느린

A 잘 듣고 알맞은 것을 고른 후 단어를 완성하세요.

①

☐ pl
☐ gl

_____

ane

②

☐ sl
☐ gl

_____

ove

③

☐ sl
☐ pl

_____

eep

④

☐ pl
☐ gl

_____

ay

⑤

☐ sl
☐ gl

_____

ass

⑥

☐ sl
☐ pl

_____

ow

①
- [ ] glove
- [ ] play
- [ ] slow

②
- [ ] glass
- [ ] plane
- [ ] sleep

③
- [ ] slow
- [ ] plane
- [ ] glove

④
- [ ] slove
- [ ] glass
- [ ] glove

⑤
- [ ] cleep
- [ ] slow
- [ ] sleep

⑥
- [ ] play
- [ ] plane
- [ ] glane

C 잘 듣고 단어를 고른 후 알맞은 그림을 연결하세요.

① play / sleep

② glass / plane

③ slow / glove

D 글자와 같은 소리가 나는 그림을 연결한 후 단어를 완성하세요.

① sl

② gl

③ pl

Day 25

이중자음 br fr tr

학습 날짜 :   월   일

⭐ r이 들어간 이중자음의 소리를 익혀요.

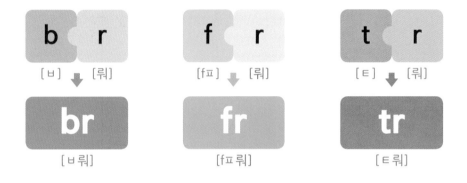

자음 뒤에 r이 오면
br[ㅂ뤄], fr[fㅍ뤄],
tr[ㅌ뤄]처럼 소리 내요.
앞 자음보다 r을 강하게
발음해요.

⭐ 이중자음이 들어간 단어를 잘 듣고 따라 말해요.

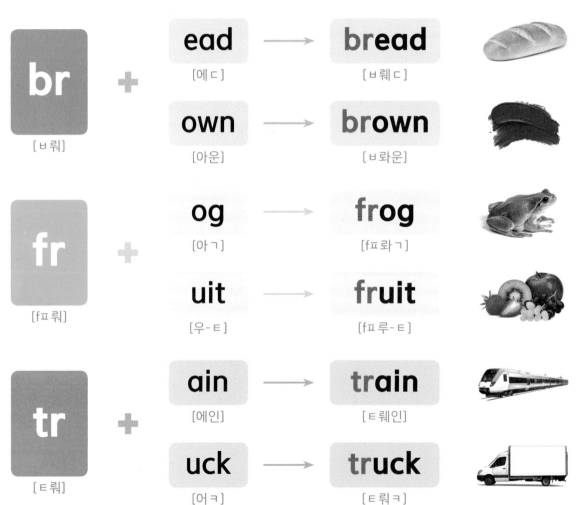

---

bread 빵   brown 갈색   frog 개구리   fruit 과일   train 기차   truck 트럭

128

A 잘 듣고 알맞은 것을 고른 후 단어를 완성하세요.

①
- ☐ fr
- ☐ tr

_____og

②
- ☐ br
- ☐ tr

_____ain

③
- ☐ fr
- ☐ br

_____ead

④
- ☐ tr
- ☐ fr

_____uit

⑤
- ☐ tr
- ☐ br

_____uck

⑥
- ☐ fr
- ☐ br

_____own

❶
- [ ] bread
- [ ] truck
- [ ] fruit

❷
- [ ] brown
- [ ] truck
- [ ] fruit

❸
- [ ] bread
- [ ] train
- [ ] frog

❹
- [ ] trog
- [ ] fruit
- [ ] frog

❺
- [ ] bread
- [ ] brown
- [ ] frown

❻
- [ ] bruck
- [ ] train
- [ ] truck

C 잘 듣고 단어를 고른 후 알맞은 그림을 연결하세요.

❶
brown
frog

❷
truck
bread

❸
fruit
train

D 글자와 같은 소리가 나는 그림을 연결한 후 단어를 완성하세요.

❶ br

____uck   ____uit

❷ tr

____og   ____own

❸ fr

____ead   ____ain

Day 26 이중자음 dr gr pr

⭐ r이 들어간 이중자음의 소리를 익혀요.

d [ㄷ] → r [뤄]

g [ㄱ] → r [뤄]

p [ㅍ] → r [뤄]

dr [ㄷ뤄]

gr [ㄱ뤄]

pr [ㅍ뤄]

자음 뒤에 r이 오면 dr[ㄷ뤄], gr[ㄱ뤄], pr[ㅍ뤄]처럼 소리 내요. 앞 자음보다 r을 강하게 발음해요.

⭐ 이중자음이 들어간 단어를 잘 듣고 따라 말해요.

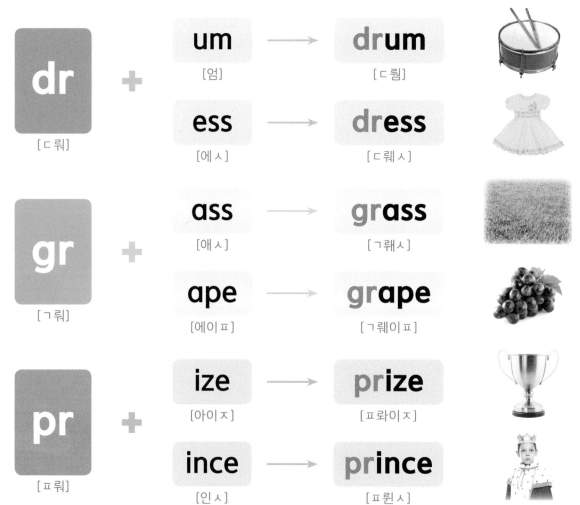

dr [ㄷ뤄] + um [엄] → drum [ㄷ뤔]

ess [에ㅅ] → dress [ㄷ뤠ㅅ]

gr [ㄱ뤄] + ass [애ㅅ] → grass [ㄱ뢔ㅅ]

ape [에이ㅍ] → grape [ㄱ뤠이ㅍ]

pr [ㅍ뤄] + ize [아이ㅈ] → prize [ㅍ롸이ㅈ]

ince [인ㅅ] → prince [ㅍ륀ㅅ]

drum 북   dress 원피스   grass 풀   grape 포도   prize 상   prince 왕자

A 잘 듣고 알맞은 것을 고른 후 단어를 완성하세요.

B 잘 듣고 그림을 고른 후 알맞은 단어를 고르세요.

①
- [ ] drum
- [ ] grape
- [ ] prince

②
- [ ] grape
- [ ] prize
- [ ] drum

③
- [ ] dress
- [ ] grass
- [ ] prince

④
- [ ] dress
- [ ] drum
- [ ] grass

⑤
- [ ] drize
- [ ] prince
- [ ] prize

⑥
- [ ] grape
- [ ] grass
- [ ] prape

C 잘 듣고 단어를 고른 후 알맞은 그림을 연결하세요.

①
grape
prince

②
grass
dress

③
prize
drum

D 글자와 같은 소리가 나는 그림을 연결한 후 단어를 완성하세요.

①
gr

___um

___ince

②
dr

___ass

___ess

③
pr

___ize

___ape

1 잘 듣고 알맞은 단어를 고른 후 쓰세요.

①  blane　plane _____

②  truck　fruck _____

③ black　clack _____

④ slove　glove _____

⑤ prog　frog _____

⑥ bread　tread _____

⑦ flower　glower _____

⑧ block　clock _____

⑨ glass　grass _____

2 글자와 같은 소리가 나는 그림을 고르세요.

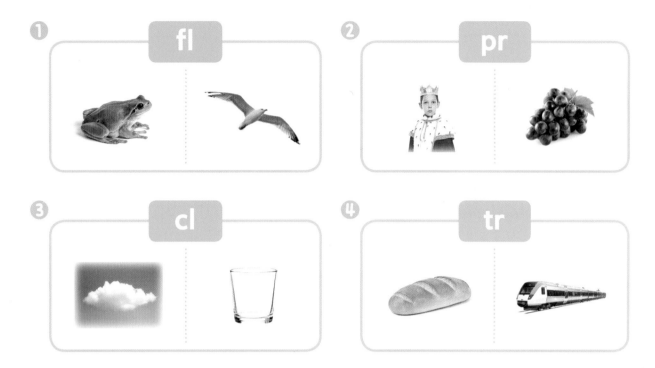

① fl

② pr

③ cl

④ tr

3 단어를 읽고 알맞은 그림의 번호를 쓰세요.

grape   brown   glass   blue

dress   fruit   play   slow

①   ②   ③   ④

⑤   ⑥   ⑦   ⑧

이중자음 sn sm sw

⭐ s가 들어간 이중자음의 소리를 익혀요.

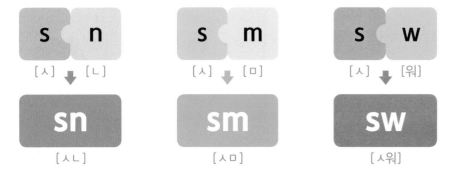

s 다음에 n, m, w가 오면 [ㅅㄴ], [ㅅㅁ], [ㅅ워]처럼 연결해서 발음해요.

⭐ 이중자음이 들어간 단어를 잘 듣고 따라 말해요.

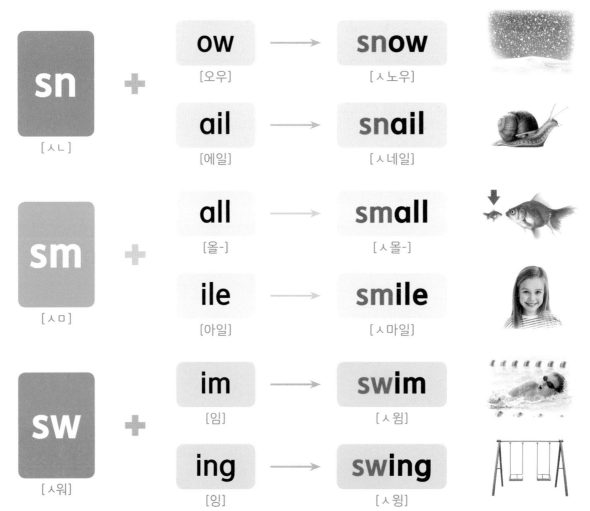

snow 눈 snail 달팽이 small 작은 smile 미소 짓다 swim 수영하다 swing 그네

A 잘 듣고 알맞은 것을 고른 후 단어를 완성하세요.

❶
- ☐ sn
- ☐ sw

_ _ ing

❷
- ☐ sw
- ☐ sm

_ _ ile

❸
- ☐ sn
- ☐ sm

_ _ ow

❹
- ☐ sm
- ☐ sw

_ _ _ _

❺
- ☐ sn
- ☐ sw

_ _ ing

❻
- ☐ sn
- ☐ sm

_ _ ail

B 잘 듣고 그림을 고른 후 알맞은 단어를 고르세요.

1
- [ ] snow
- [ ] small
- [ ] swim

2
- [ ] snail
- [ ] small
- [ ] swing

3
- [ ] snow
- [ ] smile
- [ ] swim

4
- [ ] smail
- [ ] snail
- [ ] smile

5
- [ ] smile
- [ ] small
- [ ] snile

6
- [ ] snail
- [ ] sming
- [ ] swing

C 잘 듣고 단어를 고른 후 알맞은 그림을 연결하세요.

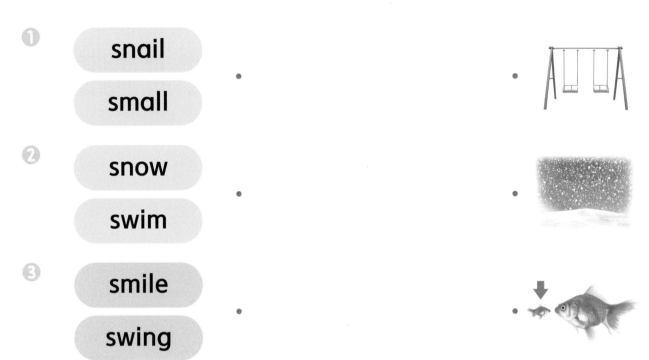

① snail / small

② snow / swim

③ smile / swing

D 글자와 같은 소리가 나는 그림을 연결한 후 단어를 완성하세요.

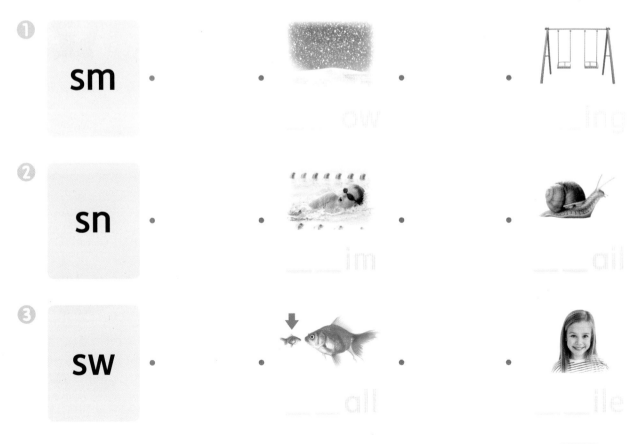

① sm

② sn

③ sw

Day 28

이중자음 st sk

★ s가 들어간 이중자음의 소리를 익혀요.

s   t
[ㅅ]   [ㅌ]
↓
st
[ㅅㄸ]

s   k
[ㅅ]   [ㅋ]
↓
sk
[ㅅㄲ]

s 다음에 t, k가 오면 [ㅅㄸ], [ㅅㄲ]처럼 뒤에 오는 자음을 강하게 소리 내요.

★ 이중자음이 들어간 단어를 잘 듣고 따라 말해요.

st
[ㅅㄸ]

+

ar → star
[아-알]   [ㅅ따-알]

op → stop
[아프]   [ㅅ따프]

one → stone
[오운]   [ㅅ또운]

sk
[ㅅㄲ]

+

y → sky
[아이]   [ㅅ까이]

irt → skirt
[어-얼ㅌ]   [ㅅ꺼-얼ㅌ]

ate → skate
[에이ㅌ]   [ㅅ께이ㅌ]

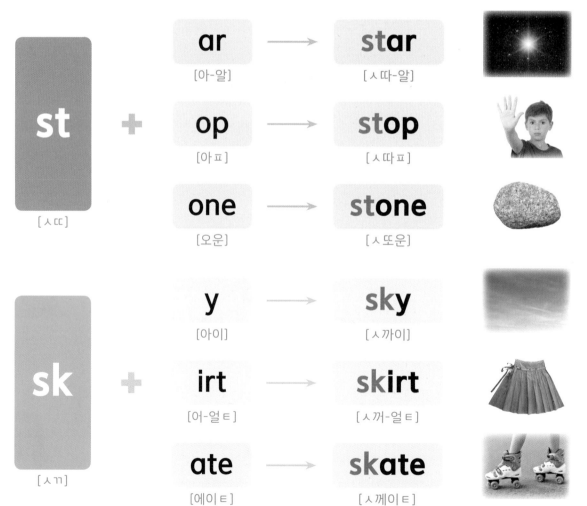

star 별　stop 멈추다　stone 돌　sky 하늘　skirt 치마　skate 스케이트를 타다

A 잘 듣고 알맞은 것을 고른 후 단어를 완성하세요.

❶
☐ st
☐ sk

❷
☐ st
☐ sk

❸
☐ st
☐ sk

❹
☐ st
☐ sk

❺
☐ st
☐ sk

❻
☐ st
☐ sk

①
- ☐ star
- ☐ skar
- ☐ sky

②
- ☐ stone
- ☐ skirt
- ☐ stirt

③
- ☐ sty
- ☐ sky
- ☐ skate

④
- ☐ star
- ☐ skop
- ☐ stop

⑤
- ☐ state
- ☐ skate
- ☐ skirt

⑥
- ☐ stone
- ☐ stop
- ☐ skirt

C 잘 듣고 단어를 고른 후 알맞은 그림을 연결하세요.

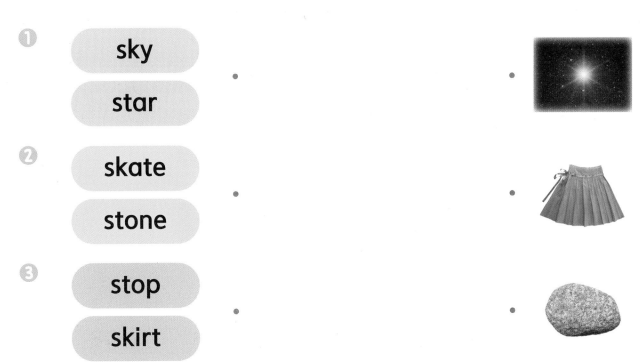

① sky / star

② skate / stone

③ stop / skirt

D 글자와 같은 소리가 나는 그림을 연결한 후 단어를 완성하세요.

① sk

___op   ___ate

② st

___y   ___ar

Day 29 이중자음 sp sc sq

★ s가 들어간 이중자음의 소리를 익혀요.

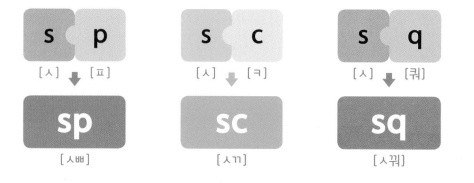

s	p		s	c		s	q
[ㅅ]	[ㅍ]		[ㅅ]	[ㅋ]		[ㅅ]	[쿼]

sp	sc	sq
[ㅅ뻬]	[ㅅ끼]	[ㅅ꿔]

s 다음에 p, c, q가 오면 [ㅅ뻬], [ㅅ끼], [ㅅ꿔]처럼 뒤에 오는 자음을 강하게 소리 내요.

★ 이중자음이 들어간 단어를 잘 듣고 따라 말해요.

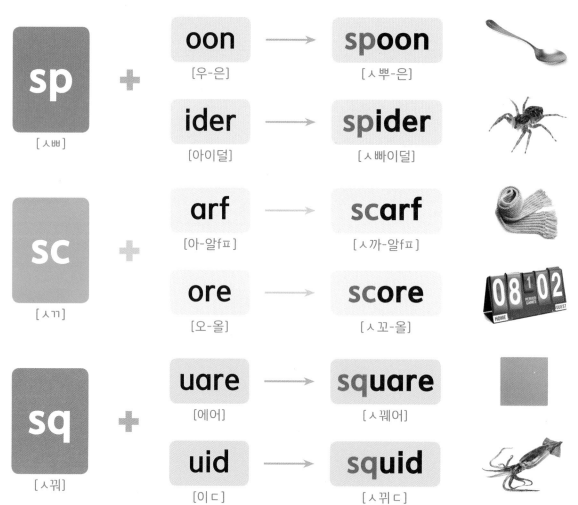

| sp [ㅅ뻬] + | oon [우-은] → spoon [ㅅ뿌-은] |
| | ider [아이덜] → spider [ㅅ빠이덜] |

| sc [ㅅ끼] + | arf [아-알fㅍ] → scarf [ㅅ까-알fㅍ] |
| | ore [오-올] → score [ㅅ꼬-올] |

| sq [ㅅ꿔] + | uare [에어] → square [ㅅ꿰어] |
| | uid [이ㄷ] → squid [ㅅ뀌ㄷ] |

spoon 숟가락　spider 거미　scarf 목도리　score 점수　square 정사각형　squid 오징어

A 잘 듣고 알맞은 것을 고른 후 단어를 완성하세요.

①
- ☐ sp
- ☐ sc

_ _ ider

②
- ☐ sq
- ☐ sc

_ _ arf

③
- ☐ sp
- ☐ sq

_ _ uid

④
- ☐ sc
- ☐ sp

_ _ oon

⑤
- ☐ sc
- ☐ sq

_ _ uare

⑥
- ☐ sq
- ☐ sc

_ _ ore

B 잘 듣고 그림을 고른 후 알맞은 단어를 고르세요.

1
- [ ] spider
- [ ] square
- [ ] score

2
- [ ] scarf
- [ ] spider
- [ ] squid

3
- [ ] squid
- [ ] score
- [ ] spoon

4
- [ ] spoon
- [ ] spider
- [ ] scoon

5
- [ ] scarf
- [ ] score
- [ ] sparf

6
- [ ] spoon
- [ ] squid
- [ ] square

C 잘 듣고 단어를 고른 후 알맞은 그림을 연결하세요.

① score / spoon

② spider / square

③ scarf / squid

D 글자와 같은 소리가 나는 그림을 연결한 후 단어를 완성하세요.

① **sc**

 ___ider

 ___ore

② **sp**

  ___arf

  ___uare

③ **sq**

 ___uid

 ___oon

Review 9

1 잘 듣고 알맞은 단어를 고른 후 쓰세요.

①  | spar | star | _____

②  | sty | sky | _____

③  | small | snall | _____

④ | spoon | sqoon | _____

⑤ | swim | skim | _____

⑥ | sparf | scarf | _____

⑦ | snow | smow | _____

⑧ | spuid | squid | _____

⑨ | skate | snate | _____

2 글자와 같은 소리가 나는 그림을 고르세요.

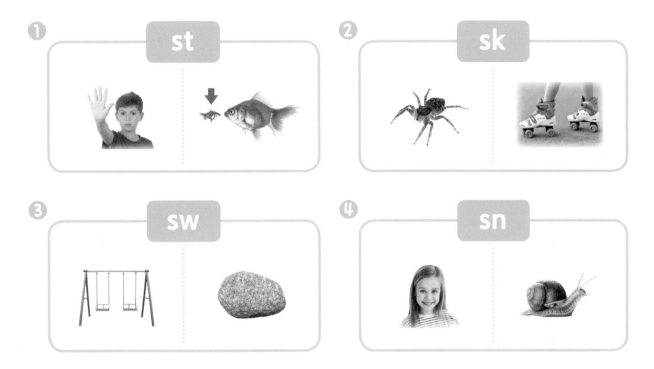

① st

② sk

③ sw

④ sn

3 단어를 읽고 알맞은 그림의 번호를 쓰세요.

spider   smile   skirt   stone

swing   score   snail   square

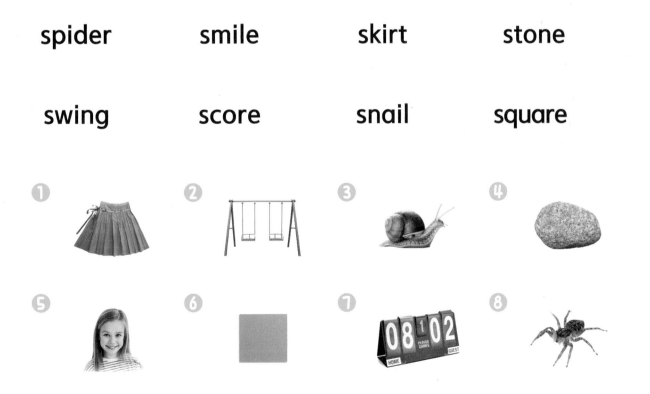

① ② ③ ④ ⑤ ⑥ ⑦ ⑧

Day 30
이중자음 sh ch ph

⭐ h가 들어간 이중자음의 소리를 익혀요.

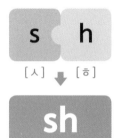

s	h
[ㅅ]	[ㅎ]

↓

sh
[쉬]

c	h
[ㅋ]	[ㅎ]

↓

ch
[취]

p	h
[ㅍ]	[ㅎ]

↓

ph
[fㅍ]

> sh, ch, ph는
> 두 자음이 만나 전혀 다른
> 소리를 내요. sh는 [쉬],
> ch는 [취], ph는 f처럼
> 발음해요.

⭐ 이중자음이 들어간 단어를 잘 듣고 따라 말해요.

sh
[쉬]

\+

ip
[이ㅍ]

→

ship
[쉬ㅍ]

ort
[오-올ㅌ]

→

short
[쇼-올ㅌ]

ch
[취]

\+

ild
[아일ㄷ]

→

child
[촤일ㄷ]

urch
[어-얼취]

→

church
[취-얼취]

ph
[fㅍ]

\+

oto
[오우토우]

→

photo
[f포우토우]

one
[오운]

→

phone
[f포운]

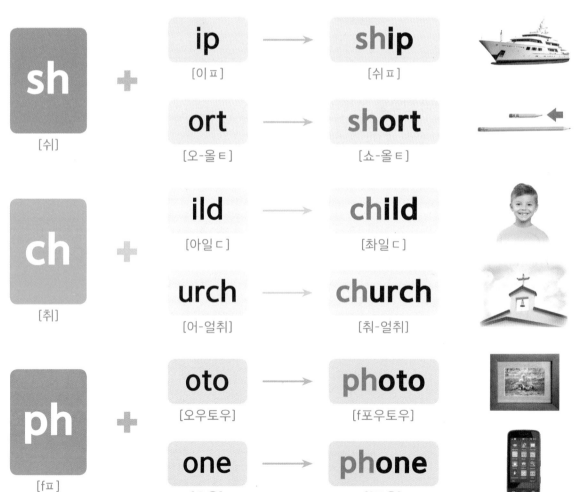

ship 배   short 짧은   child 아이   church 교회   photo 사진   phone 전화기

A 잘 듣고 알맞은 것을 고른 후 단어를 완성하세요.

①

☐ sh
☐ ph

ip

②

☐ ch
☐ ph

one

③

☐ ch
☐ sh

ild

④

☐ ph
☐ sh

art

⑤

☐ ph
☐ ch

oto

⑥

☐ sh
☐ ch

urch

①
- ☐ short
- ☐ church
- ☐ phone

②
- ☐ ship
- ☐ church
- ☐ phone

③
- ☐ shild
- ☐ child
- ☐ photo

④
- ☐ short
- ☐ ship
- ☐ chip

⑤
- ☐ short
- ☐ child
- ☐ church

⑥
- ☐ choto
- ☐ phone
- ☐ photo

C 잘 듣고 단어를 고른 후 알맞은 그림을 연결하세요.

① child / ship

② photo / church

③ phone / short

D 글자와 같은 소리가 나는 그림을 연결한 후 단어를 완성하세요.

① sh

② ch

③ ph

Day 31 이중자음 wh th[th쓰] th[th디]

⭐ h가 들어간 이중자음의 소리를 익혀요.

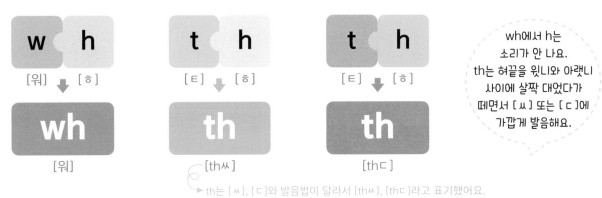

w [워] → h [ㅎ] → wh [워]

t [ㅌ] → h [ㅎ] → th [th쓰]

t [ㅌ] → h [ㅎ] → th [th디]

> wh에서 h는 소리가 안 나요. th는 혀끝을 윗니와 아랫니 사이에 살짝 대었다가 떼면서 [쓰] 또는 [ㄷ]에 가깝게 발음해요.

↳ th는 [쓰], [ㄷ]와 발음법이 달라서 [th쓰], [th디]라고 표기했어요.

⭐ 이중자음이 들어간 단어를 잘 듣고 따라 말해요.

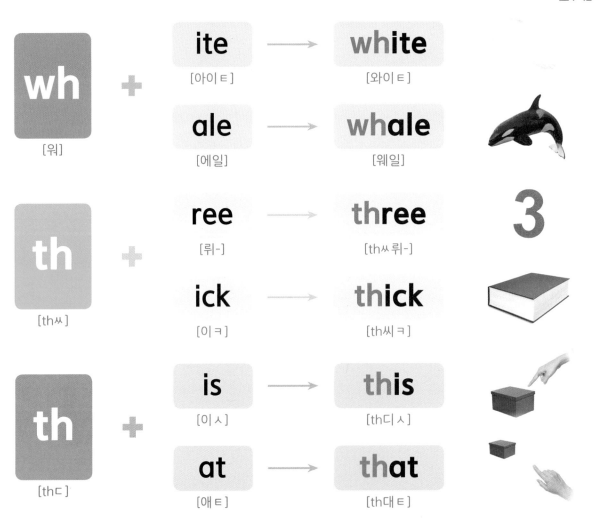

wh [워]
+
ite [아이ㅌ] → white [와이ㅌ]
ale [에일] → whale [웨일]

th [th쓰]
+
ree [뤼-] → three [th쓰뤼-]
ick [이ㅋ] → thick [th쓰ㅋ]

th [th디]
+
is [이ㅅ] → this [th디ㅅ]
at [애ㅌ] → that [th대ㅌ]

white 흰색　whale 고래　three 3, 셋　thick 두꺼운　this 이것　that 저것

A 잘 듣고 알맞은 것을 고른 후 단어를 완성하세요.

①

3

☐ th
☐ wh

_____ ree

②

☐ th
☐ wh

_____ ite

③

☐ th
☐ wh

_____ is

④

☐ th
☐ wh

_____ ick

⑤

☐ th
☐ wh

_____ ale

⑥

☐ th
☐ wh

_____ at

B 잘 듣고 그림을 고른 후 알맞은 단어를 고르세요.

①

3

- ☐ this
- ☐ whale
- ☐ three

②

- ☐ white
- ☐ that
- ☐ whale

③

- ☐ thick
- ☐ this
- ☐ white

④

- ☐ white
- ☐ whale
- ☐ chite

⑤

3

- ☐ thick
- ☐ three
- ☐ whick

⑥

- ☐ white
- ☐ that
- ☐ this

C 잘 듣고 단어를 고른 후 알맞은 그림을 연결하세요.

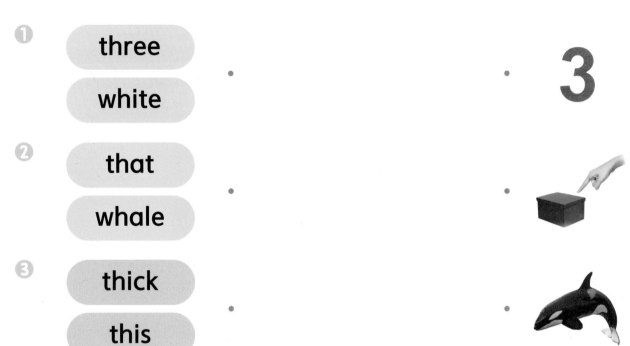

❶ three / white

❷ that / whale

❸ thick / this

D 글자와 같은 소리가 나는 그림을 연결한 후 단어를 완성하세요.

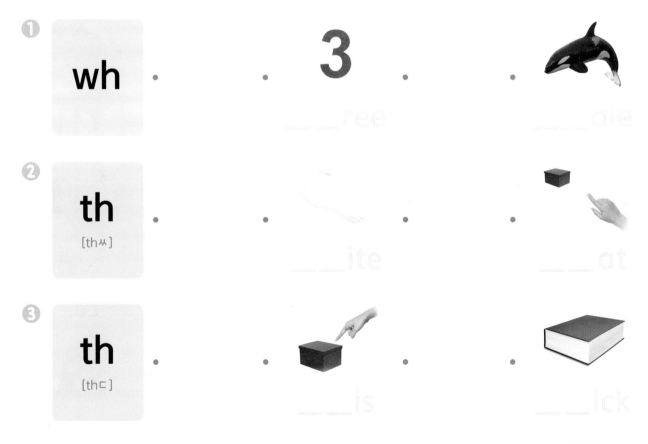

❶ wh

❷ th [th ㅆ]

❸ th [th ㄷ]

Day 32

이중자음 ng nk ck

★ n, k가 들어간 이중자음의 소리를 익혀요.

n	g
[은]	[ㄱ]

↓

ng
[응]

n	k
[은]	[ㅋ]

↓

nk
[응ㅋ]

c	k
[ㅋ]	[ㅋ]

↓

ck
[ㅋ]

> ng, nk, ck는
> 주로 단어 끝에 와요.
> ng는 'ㅇ받침' 같은 소리를 내고,
> nk는 [응ㅋ], ck는 'ㅋ받침'
> 같은 소리를 내요.

★ 이중자음이 들어간 단어를 잘 듣고 따라 말해요.

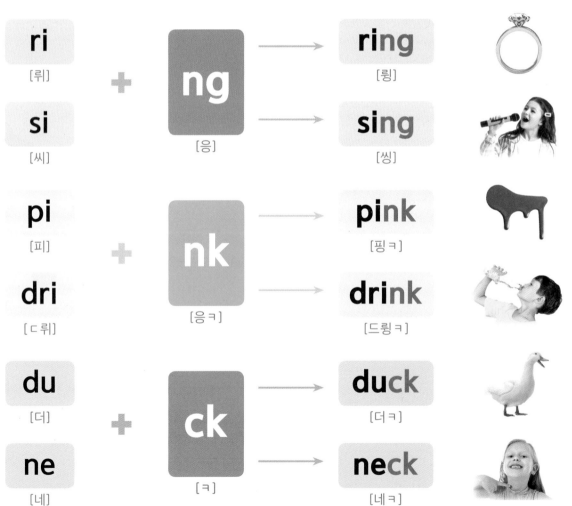

ri [뤼]
si [씨]
+ ng [응]
→ ring [륑]
→ sing [씽]

pi [피]
dri [드뤼]
+ nk [응ㅋ]
→ pink [핑ㅋ]
→ drink [드륑ㅋ]

du [더]
ne [네]
+ ck [ㅋ]
→ duck [더ㅋ]
→ neck [네ㅋ]

ring 반지 sing 노래하다 pink 분홍색 drink 마시다 duck 오리 neck 목

A 잘 듣고 알맞은 것을 고른 후 단어를 완성하세요.

❶
☐ nk
☐ ng

si

❷
☐ ck
☐ nk

pri

❸
☐ ck
☐ ng

du

❹
☐ nk
☐ ng

ri

❺
☐ ck
☐ ng

ne

❻
☐ nk
☐ ck

dri

❶

- ☐ drink
- ☐ pink
- ☐ sing

❷

- ☐ sing
- ☐ king
- ☐ ring

❸

- ☐ neck
- ☐ nest
- ☐ duck

❹

- ☐ pink
- ☐ sing
- ☐ sink

❺

- ☐ dunk
- ☐ duck
- ☐ neck

❻

- ☐ ring
- ☐ dring
- ☐ drink

C 잘 듣고 단어를 고른 후 알맞은 그림을 연결하세요.

① drink
  pink

② ring
  sing

③ neck
  duck

D 글자와 같은 소리가 나는 그림을 연결한 후 단어를 완성하세요.

① ng

② nk

③ ck

 **Review 10**

1 잘 듣고 알맞은 단어를 고른 후 쓰세요.

①   ship   chip   _____

②   nenk   neck   _____

③   rink   ring   _____

④   pink   ping   _____

⑤   phone   bone   _____

⑥ **3**   tree   three   _____

⑦   child   shild   _____

⑧   chat   that   _____

⑨   wite   white   _____

2 글자와 같은 소리가 나는 그림을 고르세요.

① ch

② ng

③ th

3

④ ck

3 단어를 읽고 알맞은 그림의 번호를 쓰세요.

whale   three   short   this

drink   photo   thick   church

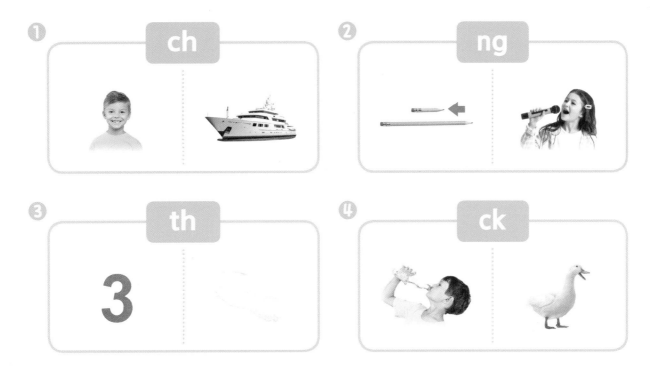

① ② 3 ③ ④

⑤ ⑥ ⑦ ⑧

Chapter
5

이중모음

ai, ew, ou처럼 모음 두 개가 나란히 오는 것을 '이중모음'이라고 해요.
이번 Chapter에서는 이중모음이 어떤 소리가 나는지 알아봐요.

Day 33 이중모음 ai ay aw

⭐ a가 들어간 이중모음의 소리를 익혀요.

| a | i | a | y | a | w |

↓　　　　↓　　　　↓

ai [에이]　　**ay** [에이]　　**aw** [오-]

> ai, ay는 [에이]로
> 소리 내는데 '에'를 강하게,
> '이'를 약하게 발음해요.
> aw는 [오-]보다 입을 더
> 벌려 길게 소리 내요.

⭐ 이중모음이 들어간 단어를 잘 듣고 따라 말해요.

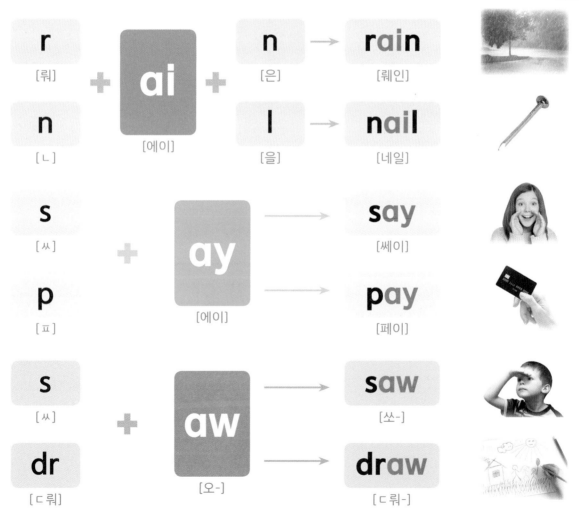

r [뤄]
n [ㄴ]

+ ai [에이] +

n [은] → **rain** [뤠인]
l [을] → **nail** [네일]

s [ㅆ]
p [ㅍ]

+ ay [에이]

→ **say** [쎄이]
→ **pay** [페이]

s [ㅆ]
dr [ㄷ뤄]

+ aw [오-]

→ **saw** [쏘-]
→ **draw** [ㄷ뤄-]

rain 비　nail 못　say 말하다　pay 지불하다　saw 보았다　draw 그리다

A 잘 듣고 알맞은 것을 고른 후 단어를 완성하세요.

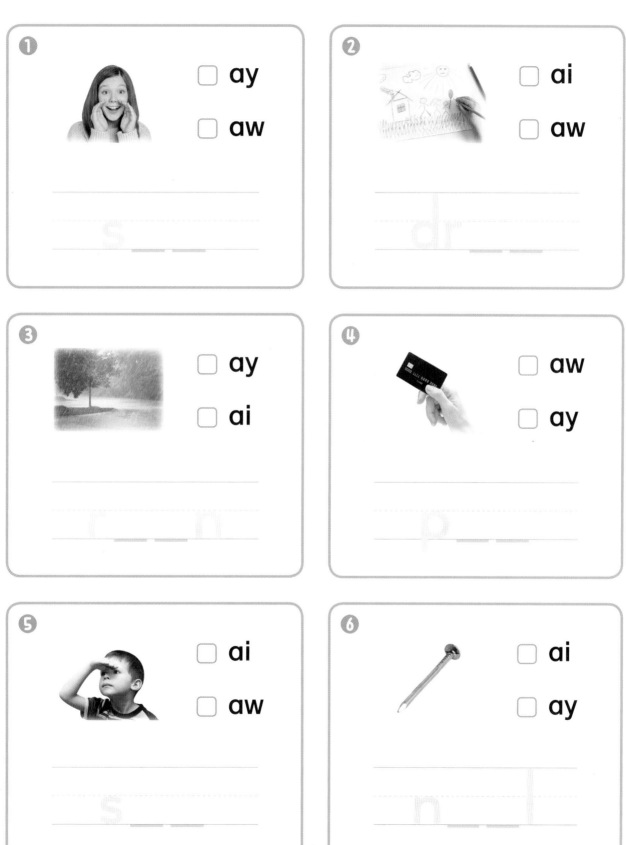

① ☐ ay ☐ aw

s _ _ _

② ☐ ai ☐ aw

dr _ _

③ ☐ ay ☐ ai

r _ _ n

④ ☐ aw ☐ ay

p _ _

⑤ ☐ ai ☐ aw

s _ _

⑥ ☐ ai ☐ ay

n _ _ l

①
- ☐ pay
- ☐ say
- ☐ paw

②
- ☐ draw
- ☐ rayn
- ☐ rain

③
- ☐ say
- ☐ saw
- ☐ nail

④
- ☐ say
- ☐ day
- ☐ pay

⑤
- ☐ mail
- ☐ nail
- ☐ rain

⑥
- ☐ saw
- ☐ dray
- ☐ draw

C 잘 듣고 단어를 고른 후 알맞은 그림을 연결하세요.

① say / pay

② saw / draw

③ rain / nail

D 같은 글자가 들어가는 그림을 연결한 후 단어를 완성하세요.

① ay

② aw

③ ai

Day 34 이중모음 ee ea ew

⭐ e가 들어간 이중모음의 소리를 익혀요.

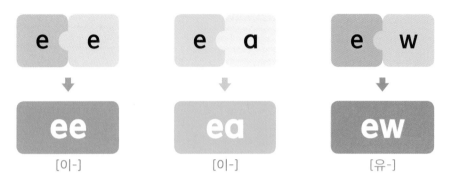

e e → ee [이-]

e a → ea [이-]

e w → ew [유-]

> ee, ea는 모두 [이-]로 소리 내는데 '이'보다 길고 강하게 발음해요. ew는 [유-]에 가깝게 소리 내요.

⭐ 이중모음이 들어간 단어를 잘 듣고 따라 말해요.

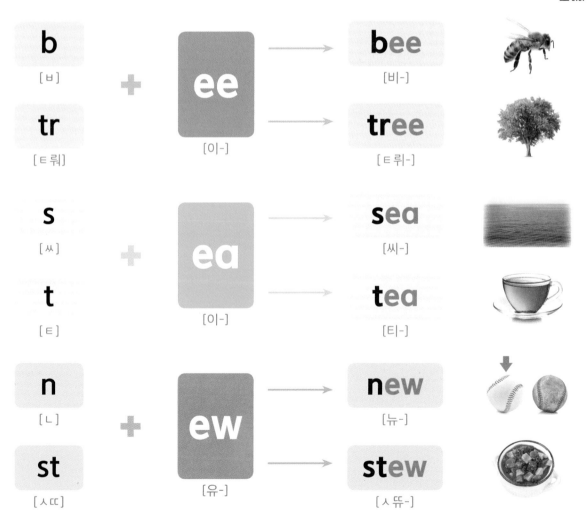

b [ㅂ]
tr [ㅌ뤄]
+ ee [이-] → bee [비-]
→ tree [ㅌ뤼-]

s [ㅆ]
t [ㅌ]
+ ea [이-] → sea [씨-]
→ tea [티-]

n [ㄴ]
st [ㅅㄸ]
+ ew [유-] → new [뉴-]
→ stew [ㅅ뜌-]

bee 벌 tree 나무 sea 바다 tea 차 new 새로운 stew 스튜

A 잘 듣고 알맞은 것을 고른 후 단어를 완성하세요.

①
- ☐ ee
- ☐ ew

b

②
- ☐ ee
- ☐ ea

s

③
- ☐ ew
- ☐ ee

n

④
- ☐ ea
- ☐ ee

tr

⑤
- ☐ ew
- ☐ ea

t

⑥
- ☐ ew
- ☐ ea

st

B 잘 듣고 그림을 고른 후 알맞은 단어를 고르세요.

①
- [ ] sea
- [ ] bee
- [ ] tree

②
- [ ] tea
- [ ] stew
- [ ] new

③
- [ ] sea
- [ ] tea
- [ ] tee

④
- [ ] bee
- [ ] tree
- [ ] train

⑤
- [ ] sea
- [ ] tea
- [ ] sew

⑥
- [ ] new
- [ ] stee
- [ ] stew

C 잘 듣고 단어를 고른 후 알맞은 그림을 연결하세요.

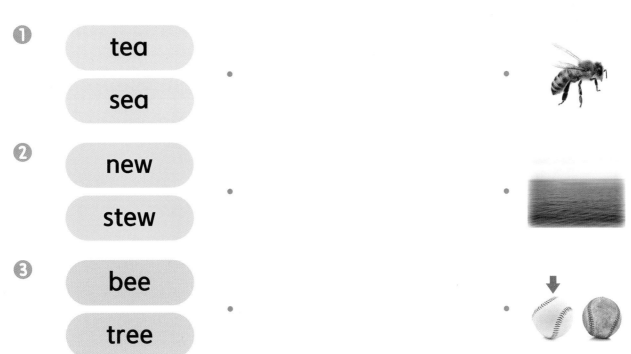

① tea / sea

② new / stew

③ bee / tree

D 같은 글자가 들어가는 그림을 연결한 후 단어를 완성하세요.

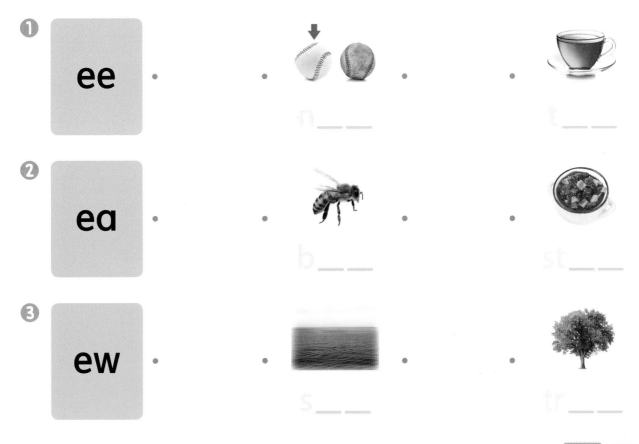

① ee

② ea

③ ew

이중모음 ow[오우] oa ou

⭐ o가 들어간 이중모음의 소리를 익혀요.

o	w	→	ow	[오우]
o	a	→	oa	[오우]
o	u	→	ou	[아우]

> ow와 oa는 [오우]로,
> ou는 [아우]로 소리 내요.
> 모두 앞 소리는 강하게,
> 뒷 소리는 약하게
> 발음해요.

⭐ 이중모음이 들어간 단어를 잘 듣고 따라 말해요.

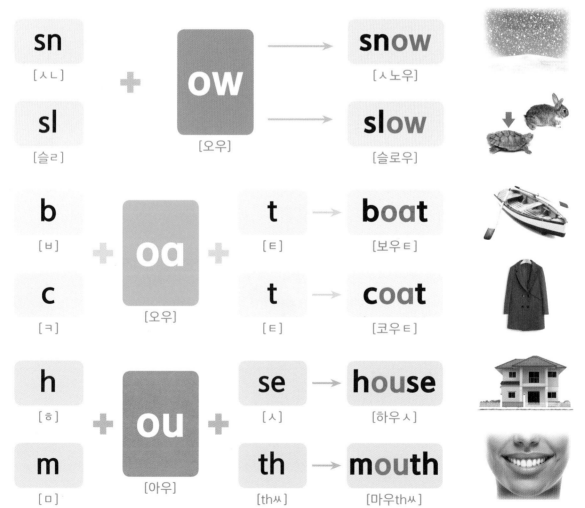

snow 눈   slow 느린   boat 배   coat 코트   house 집   mouth 입

176

A 잘 듣고 알맞은 것을 고른 후 단어를 완성하세요.

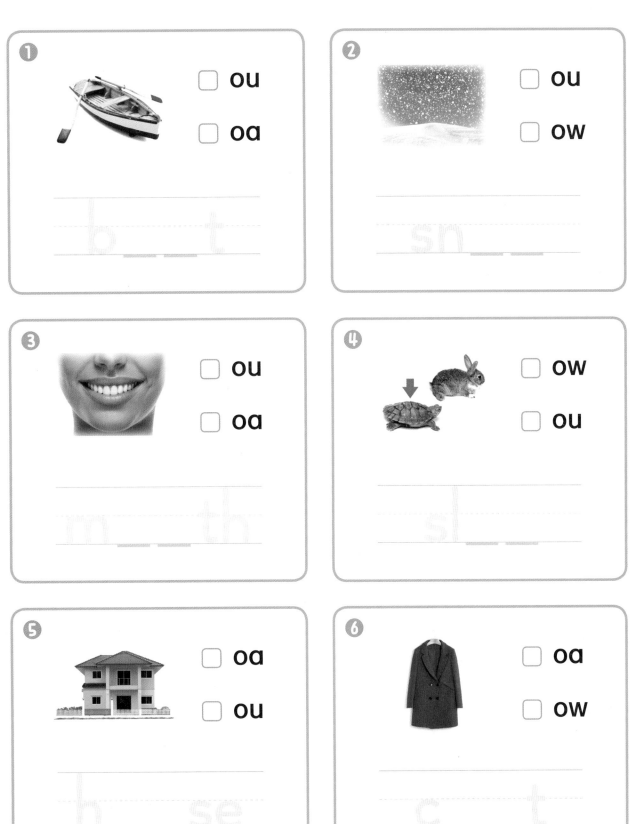

❶ ☐ ou ☐ oa

b___t

❷ ☐ ou ☐ ow

sn___

❸ ☐ ou ☐ oa

m___th

❹ ☐ ow ☐ ou

s___

❺ ☐ oa ☐ ou

h___se

❻ ☐ oa ☐ ow

c___t

B 잘 듣고 그림을 고른 후 알맞은 단어를 고르세요.

1
- [ ] boat
- [ ] coat
- [ ] goat

2
- [ ] snow
- [ ] slou
- [ ] slow

3
- [ ] howse
- [ ] house
- [ ] mouth

4
- [ ] coat
- [ ] boat
- [ ] cout

5
- [ ] slow
- [ ] snou
- [ ] snow

6
- [ ] house
- [ ] mouth
- [ ] moath

C 잘 듣고 단어를 고른 후 알맞은 그림을 연결하세요.

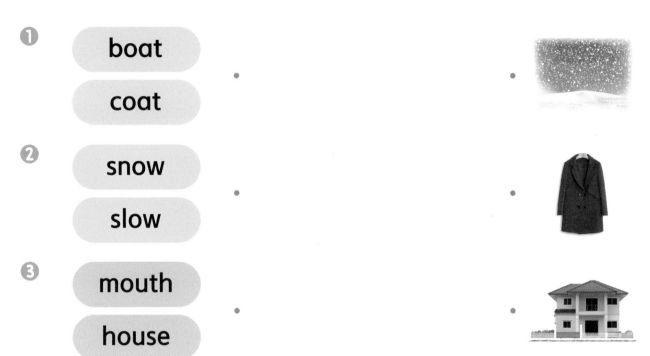

❶ boat / coat

❷ snow / slow

❸ mouth / house

D 같은 글자가 들어가는 그림을 연결한 후 단어를 완성하세요.

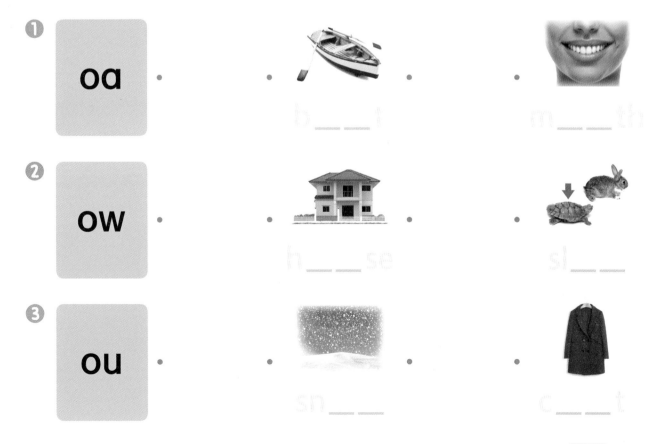

❶ oa — b__ __t — m__ __th

❷ ow — h__ __se — sl__ __

❸ ou — sn__ __ — c__ __t

Day 36

이중모음 **OW**[아우] **oi**

⭐ o가 들어간 이중모음의 소리를 익혀요.

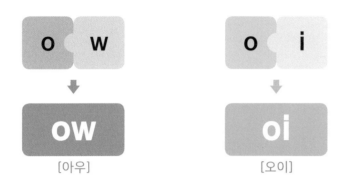

o	w

↓

ow

[아우]

o	i

↓

oi

[오이]

> ow는 [오우]뿐만 아니라 [아우]로 소리 내기도 해요. oi는 [오이]로 소리 내요. 모두 앞 소리는 강하게, 뒷 소리는 약하게 발음해요.

⭐ 이중모음이 들어간 단어를 잘 듣고 따라 말해요.

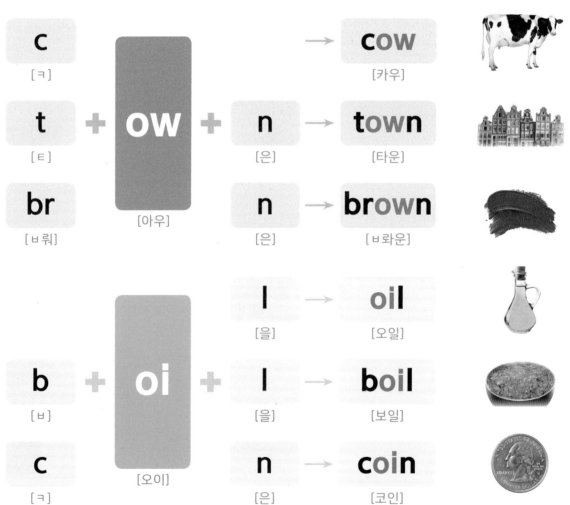

c [ㅋ]
t [ㅌ]
br [브뤄]

+ **ow** [아우] +

n [은] → cow [카우]
n [은] → town [타운]
→ brown [브롸운]

b [ㅂ]
c [ㅋ]

+ **oi** [오이] +

l [을] → oil [오일]
l [을] → boil [보일]
n [은] → coin [코인]

cow 젖소   town 마을   brown 갈색   oil 기름   boil 끓다   coin 동전

A 잘 듣고 알맞은 것을 고른 후 단어를 완성하세요.

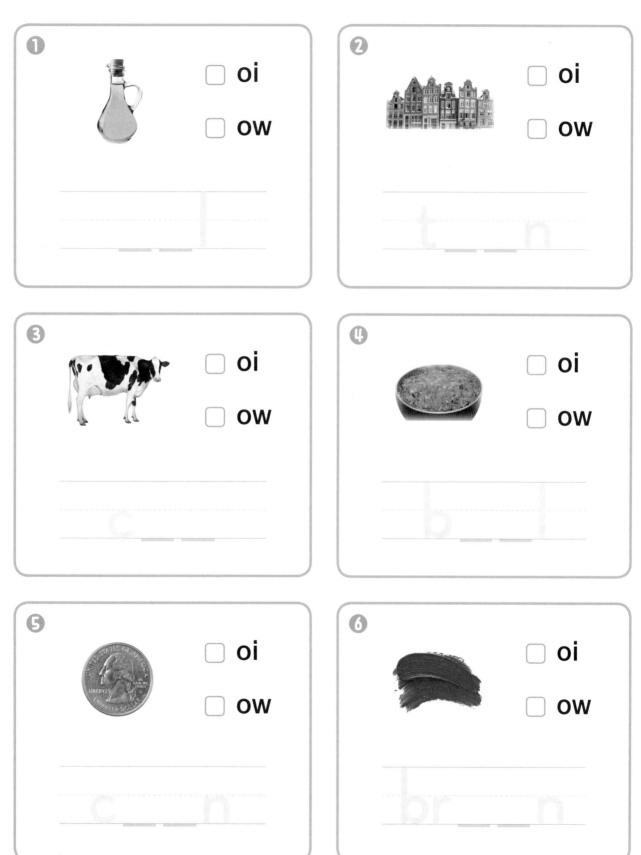

① oi / ow   f____l

② oi / ow   t___n

③ oi / ow   c___

④ oi / ow   b___l

⑤ oi / ow   c___n

⑥ oi / ow   br___n

B 잘 듣고 그림을 고른 후 알맞은 단어를 고르세요.

①

☐ cow
☐ now
☐ town

②

☐ oil
☐ boil
☐ soil

③

☐ toin
☐ town
☐ brown

④

☐ bowl
☐ coin
☐ boil

⑤

☐ cow
☐ coin
☐ oil

⑥

☐ cow
☐ brawn
☐ brown

C 잘 듣고 단어를 고른 후 알맞은 그림을 연결하세요.

❶
oil
boil

❷
town
brown

❸
cow
coin

D 같은 글자가 들어가는 그림을 연결한 후 단어를 완성하세요.

❶ **ow**

❷ **oi**

br____n

1 잘 듣고 알맞은 단어를 고른 후 쓰세요.

① coat   cout   _____

② saw   say   _____

③ rean   rain   _____

④ sea   sow   _____

⑤ drow   draw   _____

⑥ bee   bay   _____

⑦ caw   cow   _____

⑧ boil   boul   _____

⑨ now   new   _____

2 글자와 같은 소리가 나는 그림을 고르세요.

3 단어를 읽고 알맞은 그림의 번호를 쓰세요.

boat	tree	coin	mouth
stew	brown	nail	tea

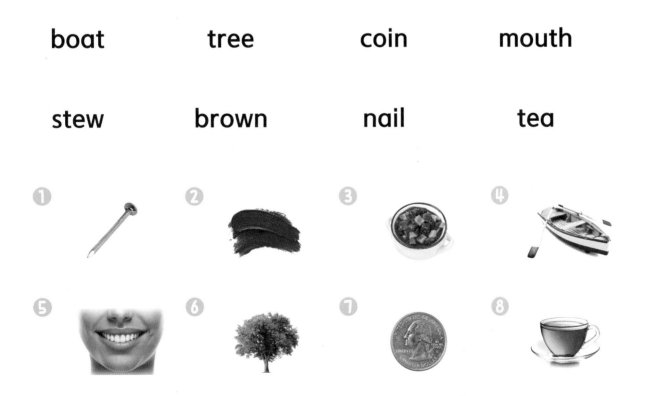

Day 37 이중모음 oy oo[우] oo[우-]

⭐ o가 들어간 이중모음의 소리를 익혀요.

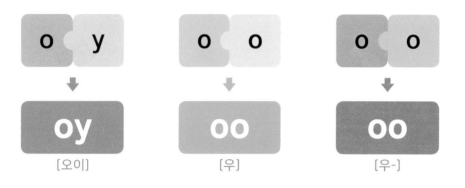

o + y	o + o	o + o
oy	oo	oo
[오이]	[우]	[우-]

> oy는 [오이]로 소리 내요.
> oo는 짧은 [우]로
> 소리 내기도 하고,
> 긴 [우-]로 소리 내기도 해요.

⭐ 이중모음이 들어간 단어를 잘 듣고 따라 말해요.

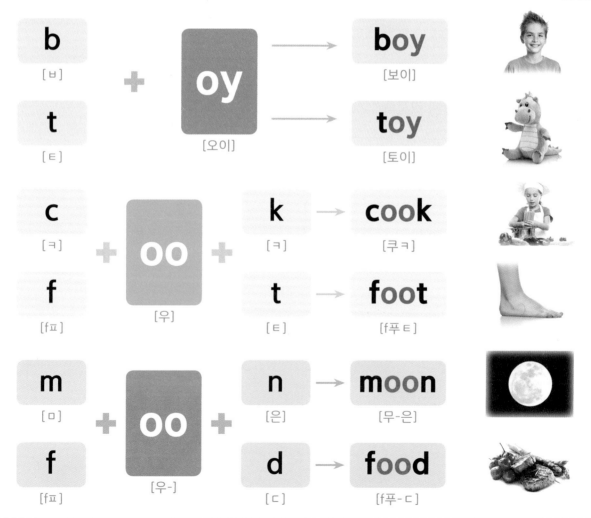

b [ㅂ]
t [ㅌ]
oy [오이]
→ boy [보이]
→ toy [토이]

c [ㅋ]
f [fㅍ]
oo [우]
k [ㅋ] → cook [쿠ㅋ]
t [ㅌ] → foot [f푸ㅌ]

m [ㅁ]
f [fㅍ]
oo [우-]
n [은] → moon [무-은]
d [ㄷ] → food [f푸-ㄷ]

boy 남자아이   toy 장난감   cook 요리하다   foot 발   moon 달   food 음식

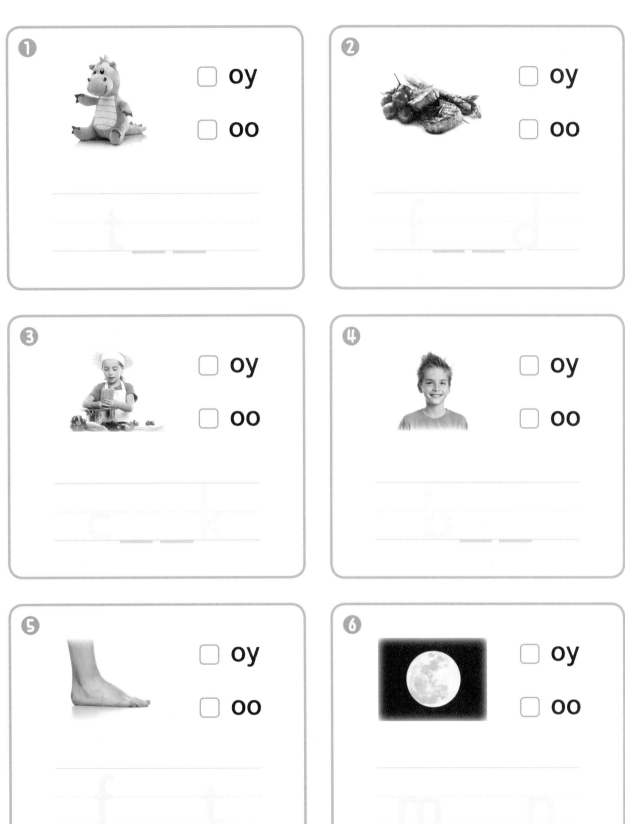

❶ □ oy □ oo

❷ □ oy □ oo

❸ □ oy □ oo

❹ □ oy □ oo

❺ □ oy □ oo

❻ □ oy □ oo

B 잘 듣고 그림을 고른 후 알맞은 단어를 고르세요.

1
- ☐ cook
- ☐ moon
- ☐ food

2
- ☐ boil
- ☐ boy
- ☐ toy

3
- ☐ moon
- ☐ noon
- ☐ foot

4
- ☐ cook
- ☐ feet
- ☐ foot

5
- ☐ boy
- ☐ toy
- ☐ too

6
- ☐ feed
- ☐ foot
- ☐ food

C 잘 듣고 단어를 고른 후 알맞은 그림을 연결하세요.

❶
boy

toy

❷
food

moon

❸
foot

cook

D 같은 글자가 들어가는 그림을 연결한 후 단어를 완성하세요.

❶
oy

c ___ ___ k

t ___ ___

❷
oo
[우]

b ___ ___

f ___ ___ d

❸
oo
[우-]

m ___ ___ n

f ___ ___ t

Day 38 이중모음 ue ui

★ u가 들어간 이중모음의 소리를 익혀요.

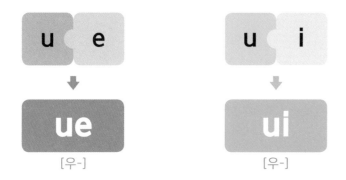

u e

→

ue
[우-]

u i

→

ui
[우-]

> ue, ui는 oo처럼
> [우-]를 길게 소리 내요.
> ui는 뒤에 자음이 붙어서
> ue보다 살짝 더 짧게
> 소리 내요.

★ 이중모음이 들어간 단어를 잘 듣고 따라 말해요.

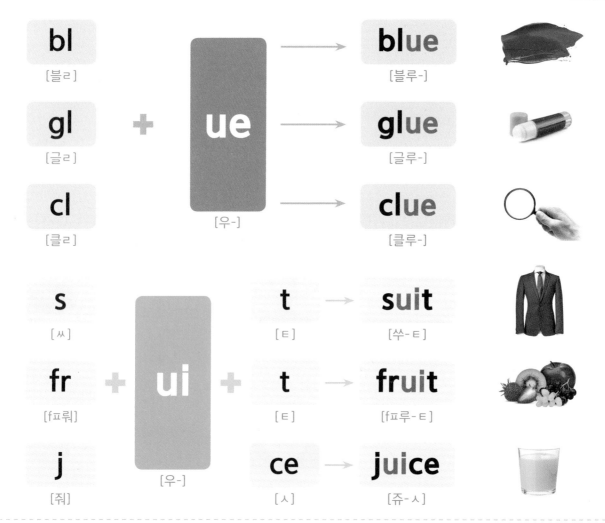

bl [블ㄹ]

gl [글ㄹ]

cl [클ㄹ]

+

ue [우-]

→ **blue** [블루-]

→ **glue** [글루-]

→ **clue** [클루-]

s [ㅆ]

fr [f프뤄]

j [쥐]

+

ui [우-]

+

t [ㅌ] → **suit** [쑤-ㅌ]

t [ㅌ] → **fruit** [f프루-ㅌ]

ce [ㅅ] → **juice** [쥬-ㅅ]

blue 파란색 glue 풀 clue 단서 suit 정장 fruit 과일 juice 주스

A 잘 듣고 알맞은 것을 고른 후 단어를 완성하세요.

①
☐ ue
☐ ui

bl____

②
☐ ue
☐ ui

j____ce

③
☐ ue
☐ ui

fr____t

④
☐ ue
☐ ui

gl____

⑤
☐ ue
☐ ui

bl____

⑥
☐ ue
☐ ui

s____ce

B 잘 듣고 그림을 고른 후 알맞은 단어를 고르세요.

①
- ☐ blue
- ☐ glue
- ☐ clue

②
- ☐ juice
- ☐ fruit
- ☐ suit

③
- ☐ clue
- ☐ glew
- ☐ glue

④
- ☐ suit
- ☐ fruit
- ☐ fruet

⑤
- ☐ clui
- ☐ clue
- ☐ blue

⑥
- ☐ suet
- ☐ juice
- ☐ suit

C 잘 듣고 단어를 고른 후 알맞은 그림을 연결하세요.

❶ clue
blue

❷ juice
fruit

❸ glue
blue

D 같은 글자가 들어가는 그림을 연결한 후 단어를 완성하세요.

❶ ui

❷ ue

Day 39
이중모음 er ar ur

학습 날짜 : 월 일

⭐ r이 들어간 이중모음의 소리를 익혀요.

e r	a r	u r
↓	↓	↓
er	**ar**	**ur**
[얼]	[아-알]	[어-얼]

er, ar, ur은 모음 뒤에 r이 있으므로 혀끝을 살짝 올려 뒤로 당기면서 소리 내요.

⭐ 이중모음이 들어간 단어를 잘 듣고 따라 말해요.

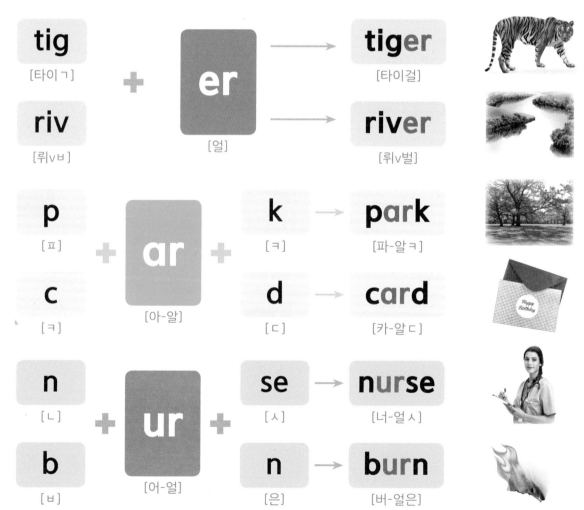

tig [타이ㄱ]
riv [뤼v ㅂ]

+

er [얼]

→ **tiger** [타이걸]
→ **river** [뤼v벌]

p [ㅍ]
c [ㅋ]

+ **ar** [아-알] **+**

k [ㅋ] → **park** [파-알ㅋ]
d [ㄷ] → **card** [카-알ㄷ]

n [ㄴ]
b [ㅂ]

+ **ur** [어-얼] **+**

se [ㅅ] → **nurse** [너-얼ㅅ]
n [은] → **burn** [버-얼은]

tiger 호랑이 river 강 park 공원 card 카드 nurse 간호사 burn 타다

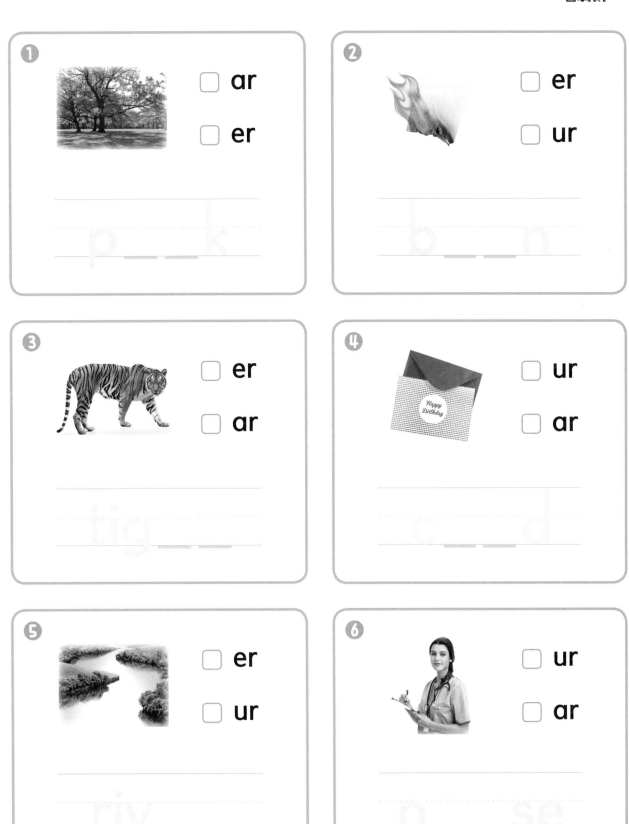

①
☐ ar
☐ er

p___k

②
☐ er
☐ ur

b___se

③
☐ er
☐ ar

tig___

④
☐ ur
☐ ar

c___d

⑤
☐ er
☐ ur

riv___

⑥
☐ ur
☐ ar

n___se

B 잘 듣고 그림을 고른 후 알맞은 단어를 고르세요.

①
- ☐ park
- ☐ dark
- ☐ card

②
- ☐ river
- ☐ tiger
- ☐ tigar

③
- ☐ park
- ☐ cerd
- ☐ card

④
- ☐ barn
- ☐ burn
- ☐ nurse

⑤
- ☐ river
- ☐ rivar
- ☐ tiger

⑥
- ☐ burn
- ☐ narse
- ☐ nurse

C 잘 듣고 단어를 고른 후 알맞은 그림을 연결하세요.

❶
park
card

❷
tiger
water

❸
nurse
burn

D 같은 글자가 들어가는 그림을 연결한 후 단어를 완성하세요.

❶
ar

tig___

n___se

❷
er

p___k

c___d

❸
ur

b___n

riv___

이중모음 ir or

★ r이 들어간 이중모음의 소리를 익혀요.

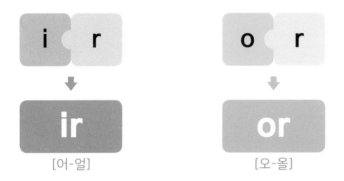

i + r → ir [어-얼]

o + r → or [오-올]

> ir, or은 모음 뒤에 r이 있으므로 혀끝을 살짝 올려 뒤로 당기면서 소리 내요.

★ 이중모음이 들어간 단어를 잘 듣고 따라 말해요.

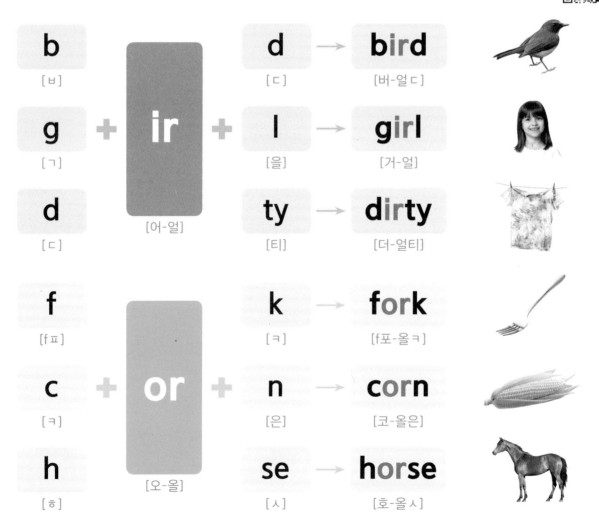

b [ㅂ]

g [ㄱ]

d [ㄷ]

+ ir [어-얼] +

d [ㄷ] → bird [버-얼ㄷ]

l [을] → girl [거-얼]

ty [티] → dirty [더-얼티]

f [fㅍ]

c [ㅋ]

h [ㅎ]

+ or [오-올] +

k [ㅋ] → fork [f포-올ㅋ]

n [은] → corn [코-올은]

se [ㅅ] → horse [호-올ㅅ]

bird 새   girl 여자아이   dirty 더러운   fork 포크   corn 옥수수   horse 말

198

A 잘 듣고 알맞은 것을 고른 후 단어를 완성하세요.

❶
☐ ir
☐ or

f _ _ k _ _ se

❷
☐ ir
☐ or

g _ _ _ t y

❸
☐ ir
☐ or

b _ _ d

❹
☐ ir
☐ or

c _ _ _ n

❺
☐ ir
☐ or

h _ _ se

❻
☐ ir
☐ or

d _ _ t y

B 잘 듣고 그림을 고른 후 알맞은 단어를 고르세요.

①
- ☐ girl
- ☐ bird
- ☐ dirty

②
- ☐ fork
- ☐ corn
- ☐ horse

③
- ☐ girl
- ☐ dorty
- ☐ dirty

④
- ☐ corn
- ☐ horse
- ☐ hirse

⑤
- ☐ bird
- ☐ gorl
- ☐ girl

⑥
- ☐ fork
- ☐ corn
- ☐ cirn

C 잘 듣고 단어를 고른 후 알맞은 그림을 연결하세요.

① bird / girl

② corn / fork

③ dirty / horse

D 같은 글자가 들어가는 그림을 연결한 후 단어를 완성하세요.

① ir

② or

1 잘 듣고 알맞은 단어를 고른 후 쓰세요.

❶ feed food

❷ bard bird

❸  perk park

❹ fork furk

❺ blue blur

❻ bay boy

❼ narse nurse

❽ fruit froot

❾  tigar tiger

2 글자와 같은 소리가 나는 그림을 고르세요.

① ir

② ur

③ or

④ oo

3 단어를 읽고 알맞은 그림의 번호를 쓰세요.

cook	toy	moon	juice

card	glue	foot	river

① ② ③ ④

⑤ ⑥ ⑦ ⑧

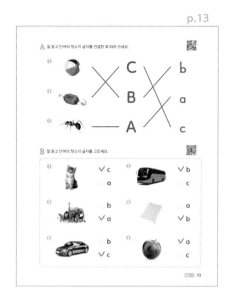

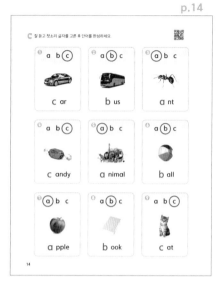

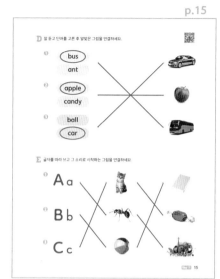

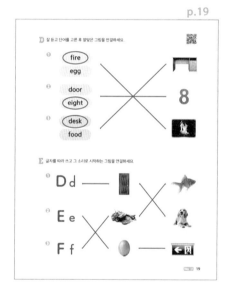

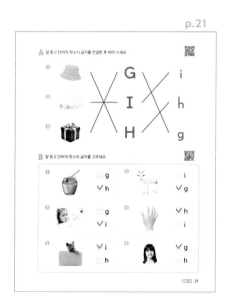

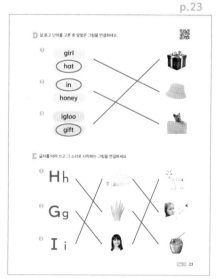

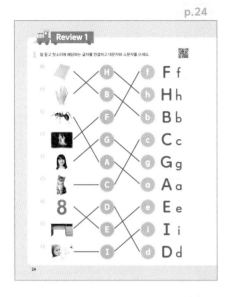

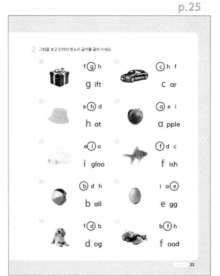

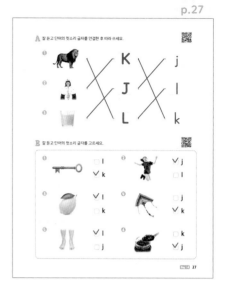

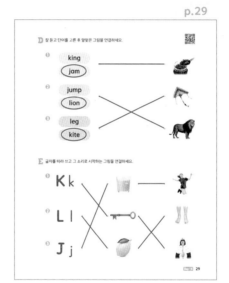

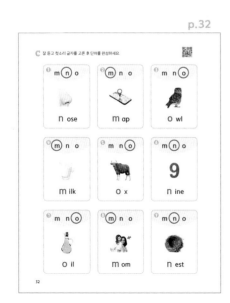

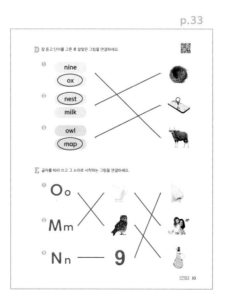

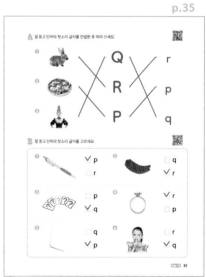

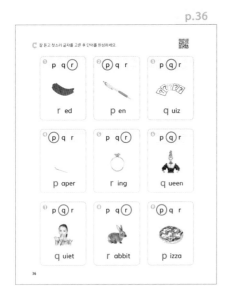

p.36

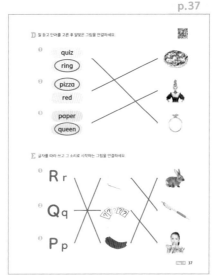

p.37

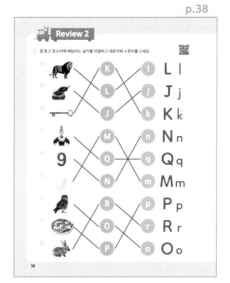

p.38

p.39

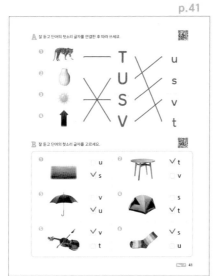

p.41

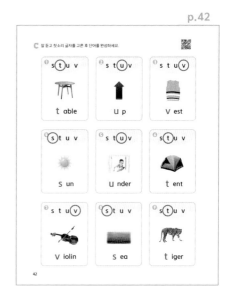

p.42

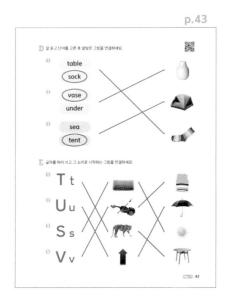

p.43

p.45

p.46

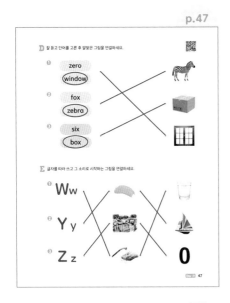

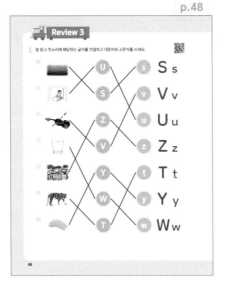

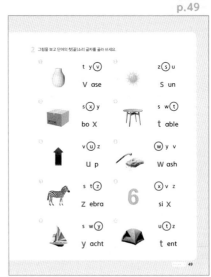

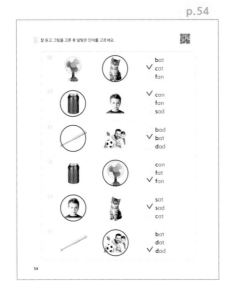

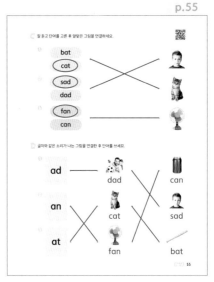

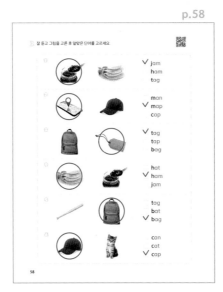

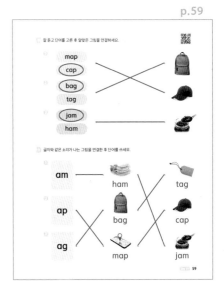

p.61   p.62   p.63

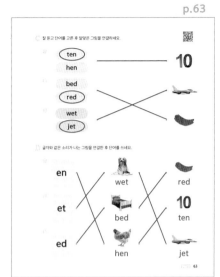

p.65   p.66   p.67

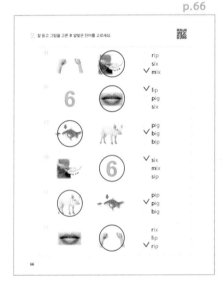

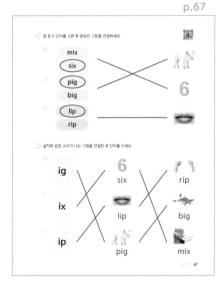

p.68   p.69   p.71

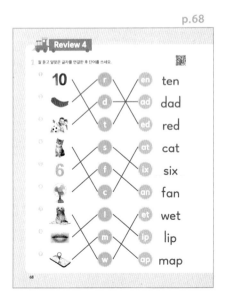

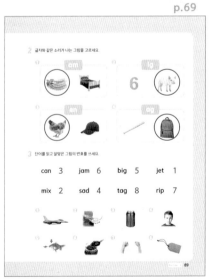

208

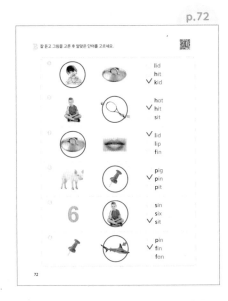

p.72

잘 듣고 그림을 고른 후 알맞은 단어를 고르세요.

① lid / hit / **✓ kid**
② hot / **✓ hit** / sit
③ **✓ lid** / lip / fin
④ pig / **✓ pin** / pit
⑤ sin / six / **✓ sit**
⑥ **✓ pin** / fin / fon

72

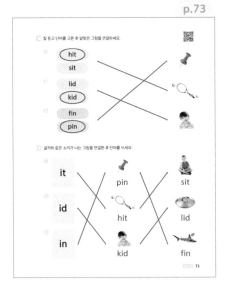

p.73

잘 듣고 단어를 고른 후 알맞은 그림을 연결하세요.

① hit
② sit
③ lid
④ kid
⑤ fin
⑥ pin

글자와 같은 소리가 나는 그림을 연결한 후 단어를 쓰세요.

① it — sit
② id — lid
③ in — fin

73

p.75

잘 듣고 알맞은 것을 고른 후 단어를 완성하세요.

① **✓ og** / ot → dog
② op / **✓ ot** → hot
③ ot / **✓ op** → top
④ op / **✓ og** → fog
⑤ **✓ op** / og → hop
⑥ **✓ ot** / og → pot

75

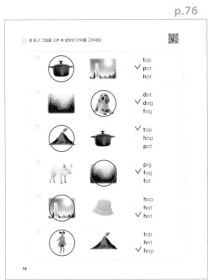

p.76

잘 듣고 그림을 고른 후 알맞은 단어를 고르세요.

① top / **✓ pot** / hot
② dot / **✓ dog** / fog
③ **✓ top** / hop / pot
④ pig / **✓ fog** / fot
⑤ hop / hat / **✓ hot**
⑥ top / hot / **✓ hop**

76

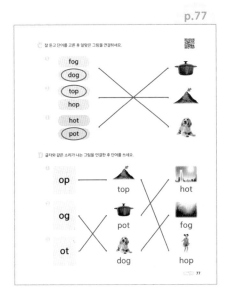

p.77

잘 듣고 단어를 고른 후 알맞은 그림을 연결하세요.

① fog
② dog
③ top
④ hop
⑤ hot
⑥ pot

글자와 같은 소리가 나는 그림을 연결한 후 단어를 쓰세요.

① op — top
② og — fog
③ ot — pot

77

p.79

잘 듣고 알맞은 것을 고른 후 단어를 완성하세요.

① **✓ ug** / un → sun
② **✓ ug** / ut → bug
③ **✓ ut** / un → nut
④ **✓ un** / ug → run
⑤ ut / **✓ ug** → hug
⑥ un / **✓ ut** → cut

79

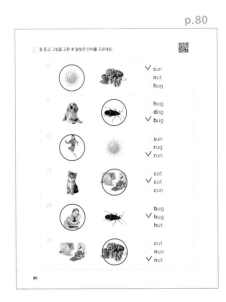

p.80

잘 듣고 그림을 고른 후 알맞은 단어를 고르세요.

① **✓ sun** / nut / hug
② hug / dog / **✓ bug**
③ sun / rug / **✓ run**
④ cat / **✓ cut** / cun
⑤ bug / **✓ hug** / hut
⑥ cut / nun / **✓ nut**

80

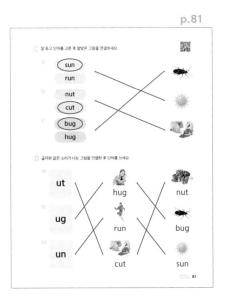

p.81

잘 듣고 단어를 고른 후 알맞은 그림을 연결하세요.

① sun
② run
③ nut
④ cut
⑤ bug
⑥ hug

글자와 같은 소리가 나는 그림을 연결한 후 단어를 쓰세요.

① ut — cut
② ug — hug
③ un — run

81

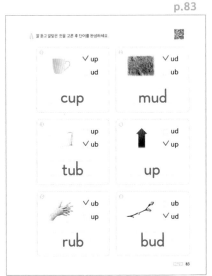

p.83

잘 듣고 알맞은 것을 고른 후 단어를 완성하세요.

① **✓ up** / ud → cup
② **✓ ud** / ub → mud
③ up / **✓ ub** → tub
④ ud / **✓ up** → up
⑤ **✓ ub** / up → rub
⑥ ub / **✓ ud** → bud

83

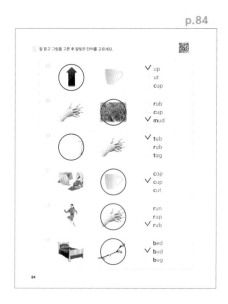

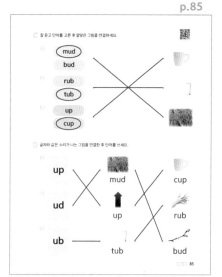

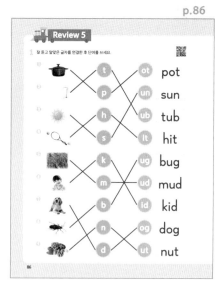

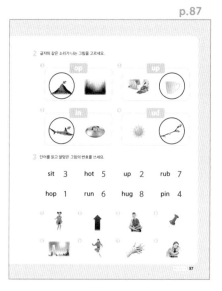

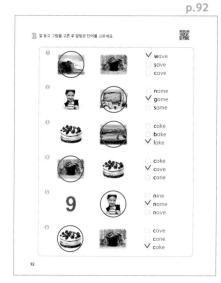

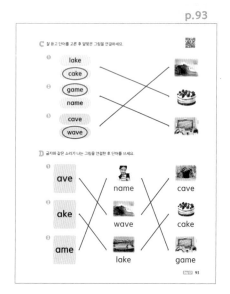

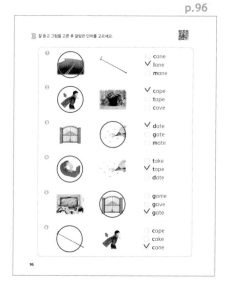

p.97
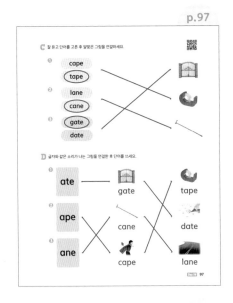

p.99

p.100
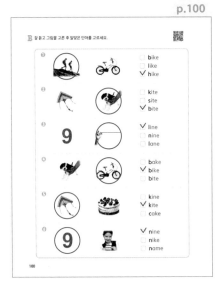

p.101
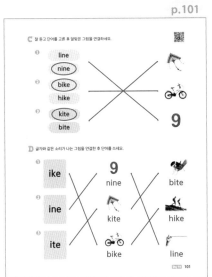

p.102
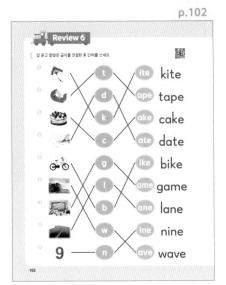

p.103
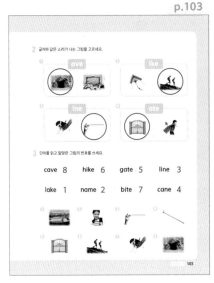

p.105

p.106
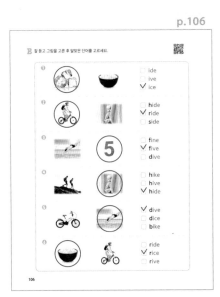

p.107
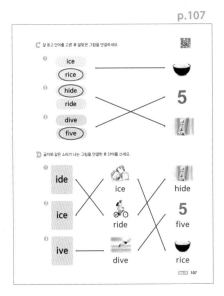

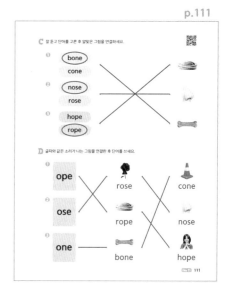

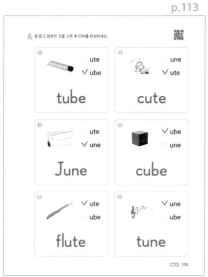

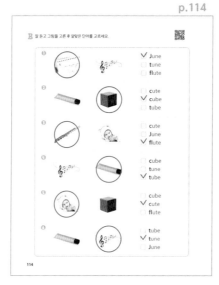

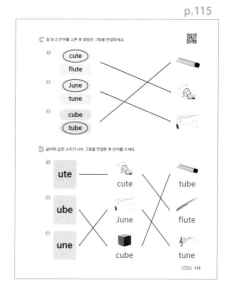

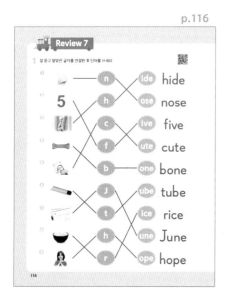

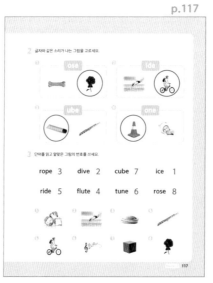

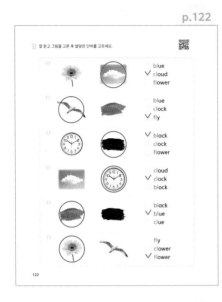

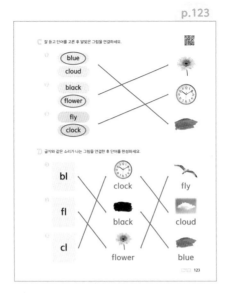

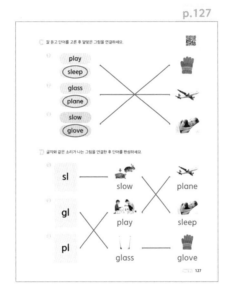

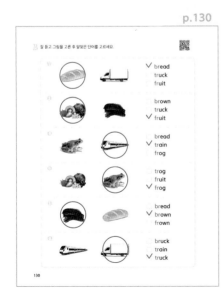

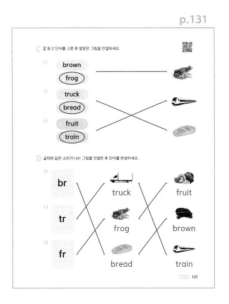

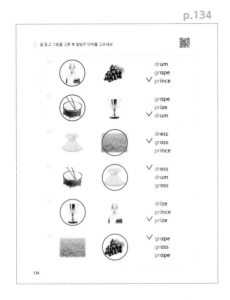

p.134

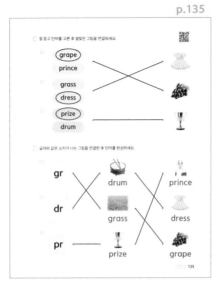

p.135

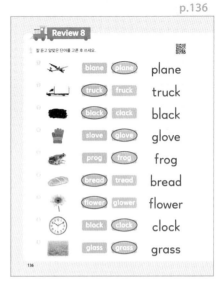

p.136

p.137

p.139

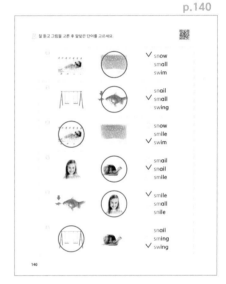

p.140

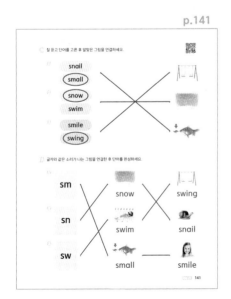

p.141

p.143

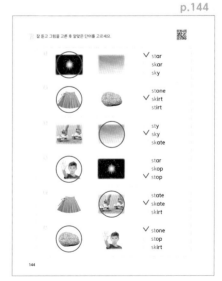

p.144

214

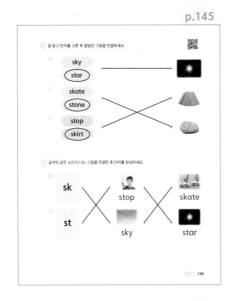

p.145

p.147

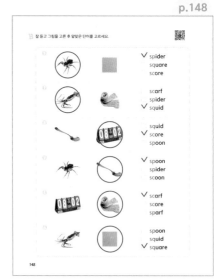

p.148

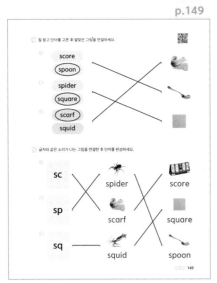

p.149

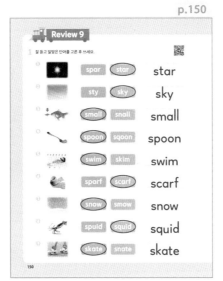

p.150

p.151

p.153

p.154

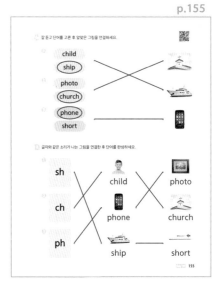

p.155

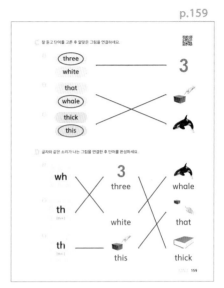

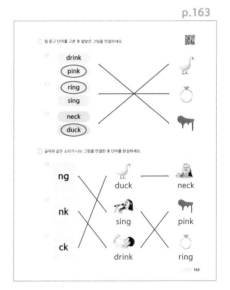

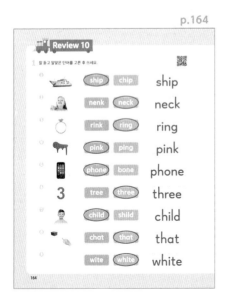

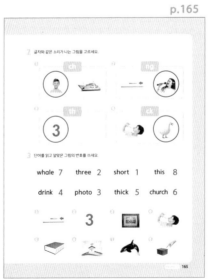

216

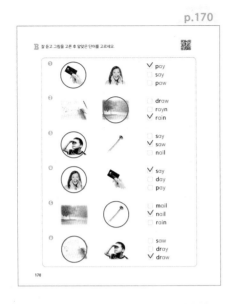

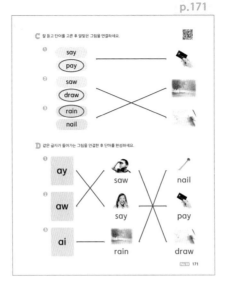

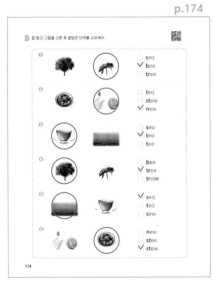

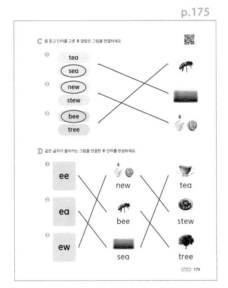

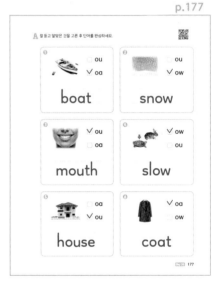

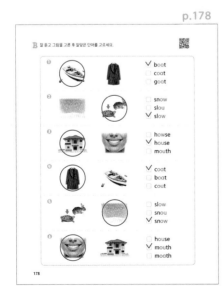

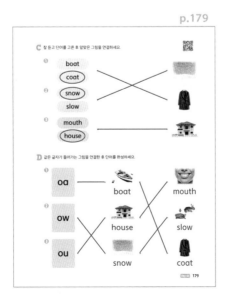

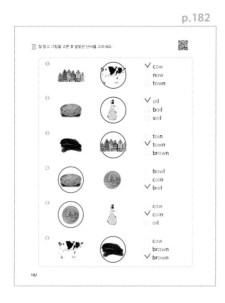

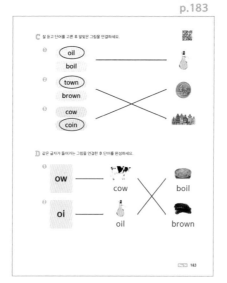

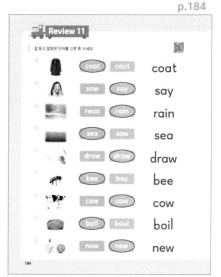

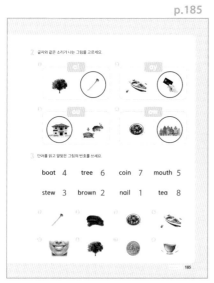

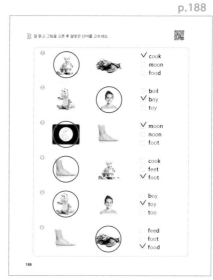

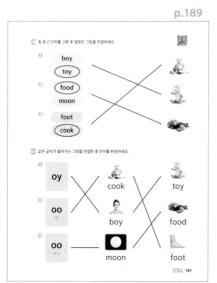

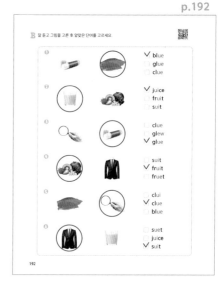

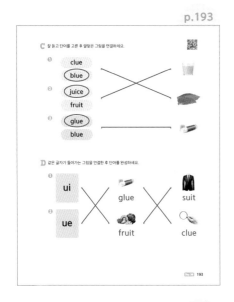

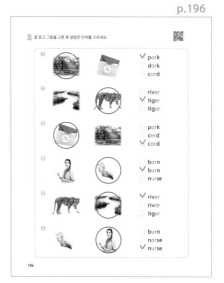

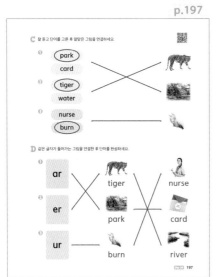

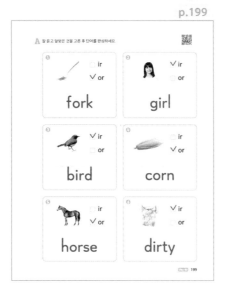

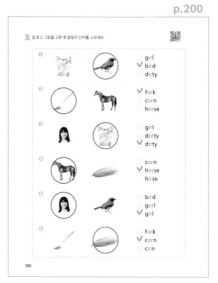

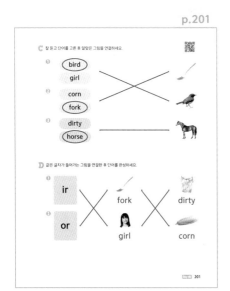

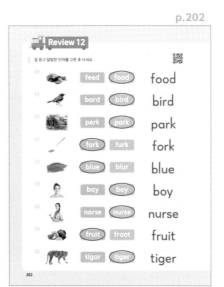

알파벳의 소리

Aa	Bb	Cc	Dd	Ee
[애]	[ㅂ]	[ㅋ]	[ㄷ]	[에]
Ff	Gg	Hh	Ii	Jj
[fㅍ]	[ㄱ]	[ㅎ]	[이]	[쥐]
Kk	Ll	Mm	Nn	Oo
[ㅋ]	[(을)ㄹ]	[ㅁ]	[ㄴ]	[아/오]
Pp	Qq	Rr	Ss	Tt
[ㅍ]	[쿼]	[뤄]	[ㅅ/ㅆ]	[ㅌ]
Uu	Vv	Ww	Xx	Yy	Zz
[어]	[vㅂ]	[워]	[ㅋㅅ]	[이여]	[zㅈ]

단모음

a	e	i	o	u
[애]	[에]	[이]	[아/오]	[어]

장모음

a	e	i	o	u
[에이]	[이-]	[아이]	[오우]	[유-]

이중자음

bl	cl	fl	gl	pl	sl
[블ㄹ]	[클ㄹ]	[f플ㄹ]	[글ㄹ]	[플ㄹ]	[슬ㄹ]
br	fr	tr	dr	gr	pr
[브뤄]	[f프뤄]	[트뤄]	[드뤄]	[ㄱ뤄]	[프뤄]
sn	sm	sw	st	sk	sp
[ㅅㄴ]	[ㅅㅁ]	[ㅅ워]	[ㅅㄸ]	[ㅅㄲ]	[ㅅㅃ]
sc	sq	sh	ch	ph	wh
[ㅅㄲ]	[ㅅ꿔]	[쉬]	[취]	[f프]	[워]
th	ng	nk	ck		
[th쓰 / th드]	[응]	[응ㅋ]	[ㅋ]		

이중모음

ai	ay	aw	ee	ea	ew
[에이]	[에이]	[오-]	[이-]	[이-]	[유-]
ow	oa	ou	oi	oy	oo
[오우/아우]	[오우]	[아우]	[오이]	[오이]	[우/우-]
ue	ui	er	ar	ur	ir
[우-]	[우-]	[얼]	[아-알]	[어-얼]	[어-얼]
or					
[오-올]					

단어 리스트

이 책에서 공부한 단어들이에요. 파닉스나 단어 뜻을 복습할 때 활용해 보세요.

Chapter 1

Day 1   p.12

ant	개미
apple	사과
animal	동물
ball	공
bus	버스
book	책
cat	고양이
car	자동차
candy	사탕

Day 2   p.16

dog	개
desk	책상
door	문
egg	계란
eight	8, 여덟
exit	출구
fish	물고기
food	음식
fire	불

Day 3   p.20

girl	여자아이
gift	선물
goat	염소
hat	모자
hand	손
honey	꿀
igloo	이글루
ill	아픈
in	~ 안에

Day 4   p.26

jam	잼
juice	주스
jump	점프하다
key	열쇠
king	왕
kite	연
leg	다리
lion	사자
lemon	레몬

Day 5   p.30

map	지도
mom	엄마
milk	우유
nose	코
nest	둥지
nine	9, 아홉
ox	황소
owl	올빼미
oil	기름

Day 6   p.34

pen	펜
paper	종이
pizza	피자
queen	여왕
quiet	조용한
quiz	퀴즈
red	빨간색
ring	반지
rabbit	토끼

Day 7   p.40

sun	해
sea	바다
sock	양말
table	탁자
tiger	호랑이
tent	텐트
up	위로
under	아래에
umbrella	우산
violin	바이올린
vase	꽃병
vest	조끼

Day 8   p.44

water	물
window	창문
wash	씻다
box	상자
six	6, 여섯
fox	여우
yellow	노란색
you	너
yacht	요트
zoo	동물원
zero	0, 영
zebra	얼룩말

Chapter 2

Day 9   p.52

bat	야구 방망이
cat	고양이
fan	선풍기
can	캔, 깡통
dad	아빠
sad	슬픈

Day 10   p.56

cap	야구 모자
map	지도
ham	햄
jam	잼
bag	가방
tag	꼬리표

맛있는
초등 영어
파닉스

플래시 카드에는 책에서 배운 단어가 수록되어 있어요.
뒷면에 제시된 다양한 놀이를 하면서 책에서 배운 파닉스와 단어를 복습해 보세요.

001 **ant** ANT	003 **cat** CAT
005 **egg** EGG	007 **girl** GIRL
002 **ball** BALL	004 **dog** DOG
006 **fish** FISH	008 **hat** HAT

플래시 카드 사용 방법

Game 1 [보이는 단어 읽기]

❶ 카드 20장을 단어가 보이도록 하여 바닥에 펼쳐 놓아요.

❷ 두 사람이 번갈아 가며 단어를 읽고 카드를 가져와요. 단어를 제대로 읽지 못하면 카드를 제자리에 두어요.

❸ 카드를 더 많이 가져온 사람이 이겨요.

Game 2 [들리는 단어 찾기]

❶ 카드 20장을 단어가 보이도록 하여 바닥에 펼쳐 놓아요.

❷ 엄마가 단어를 발음하면 아이가 해당하는 단어를 찾아요.

❸ 아이는 단어를 보며 소리 내어 읽어요.

❹ 틀린 카드만 모아서 놀이를 다시 한 번 진행해요.

Game 3 [그림 보며 단어 말하기]

❶ 카드 20장을 그림을 보이게 하여 위로 쌓아 놓아요.

❷ 맨 위에 있는 카드의 그림을 보고 영어 단어를 말해요.

❸ 카드를 뒤집어서 말한 단어가 맞는지 확인해요.

❹ 틀린 단어만 모아서 놀이를 다시 한 번 진행해요.

009 igloo IGLOO	013 milk MILK	017 queen QUEEN	021 up UP
010 jam JAM	014 nest NEST	018 red RED	022 vase VASE
011 king KING	015 owl OWL	019 sock SOCK	023 water WATER
012 lion LION	016 pizza PIZZA	020 tiger TIGER	024 fox FOX

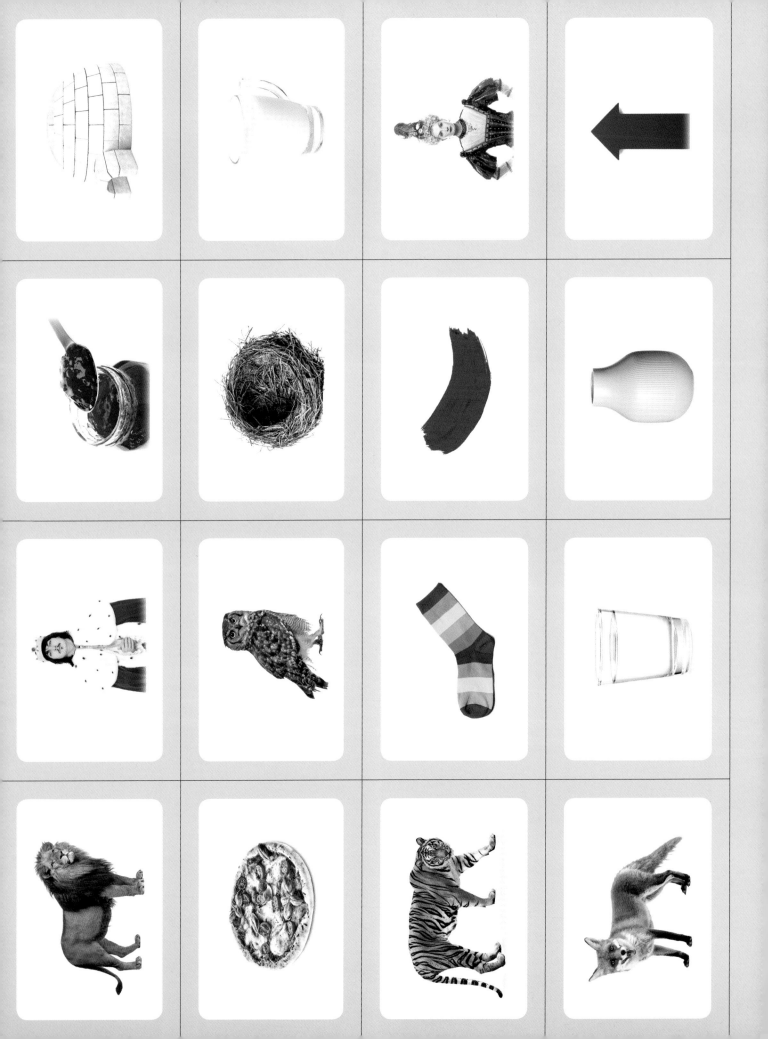

yellow YELLOW 025	**dad** DAD 029	**bed** BED 033	**six** SIX 037
zoo ZOO 026	**cap** CAP 030	**hen** HEN 034	**lip** LIP 038
bat BAT 027	**ham** HAM 031	**wet** WET 035	**hit** HIT 039
fan FAN 028	**bag** BAG 032	**pig** PIG 036	**kid** KID 040

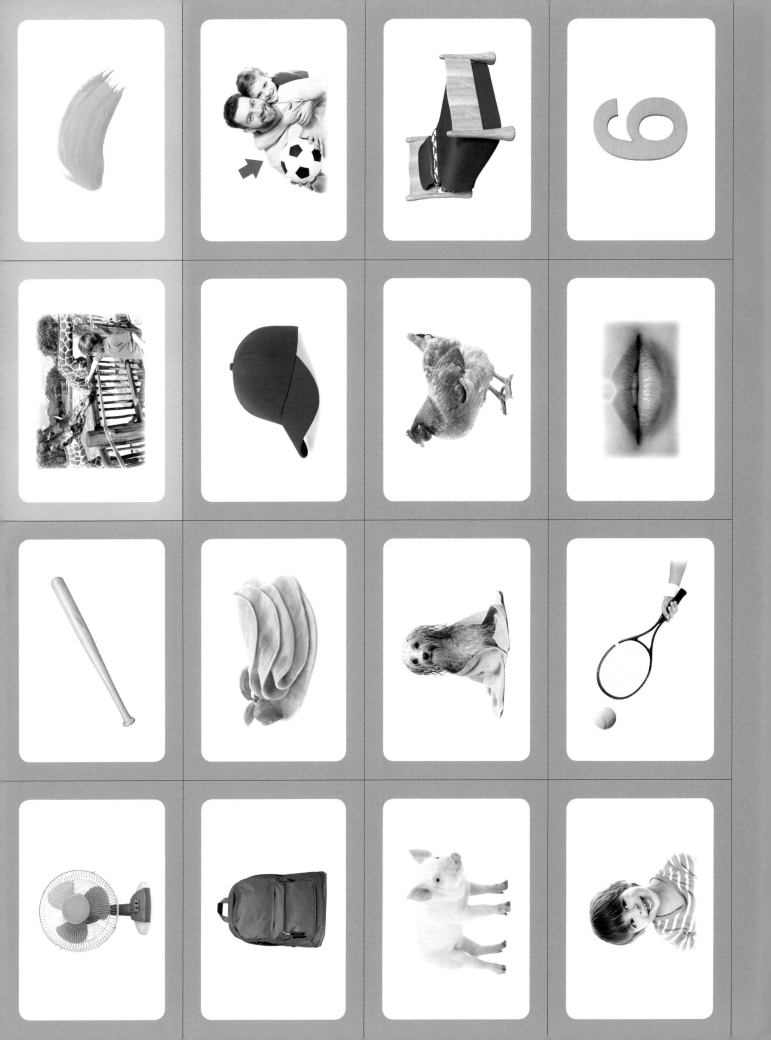

041 **pin** PIN	045 **bug** BUG	049 **mud** MUD	053 **wave** WAVE
042 **hot** HOT	046 **sun** SUN	050 **rub** RUB	054 **cane** CANE
043 **top** TOP	047 **cut** CUT	051 **cake** CAKE	055 **tape** TAPE
044 **fog** FOG	048 **cup** CUP	052 **game** GAME	056 **gate** GATE

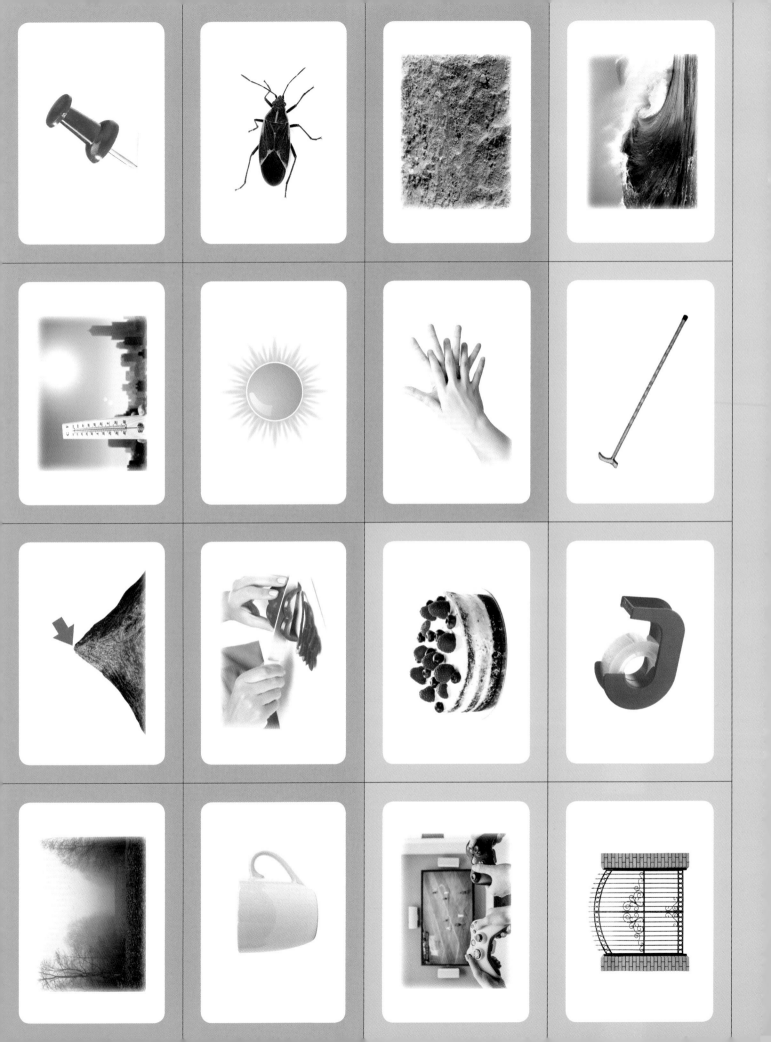

057 **bike** BIKE	061 **ride** RIDE	065 **rope** ROPE	069 **black** BLACK
058 **kite** KITE	062 **rice** RICE	066 **cube** CUBE	070 **cloud** CLOUD
059 **nine** NINE	063 **rose** ROSE	067 **cute** CUTE	071 **fly** FLY
060 **five** FIVE	064 **bone** BONE	068 **June** JUNE	072 **glove** GLOVE

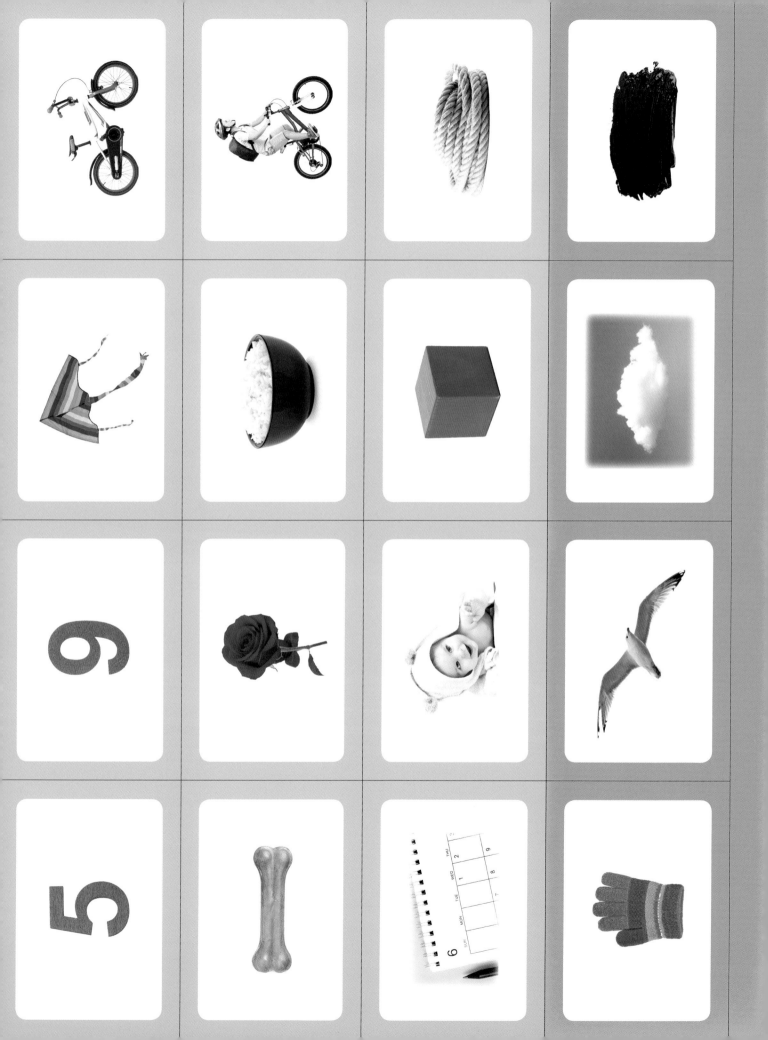

073 **plane** PLANE	077 **train** TRAIN	081 **snail** SNAIL	085 **sky** SKY
074 **sleep** SLEEP	078 **drum** DRUM	082 **small** SMALL	086 **spider** SPIDER
075 **bread** BREAD	079 **grass** GRASS	083 **swim** SWIM	087 **scarf** SCARF
076 **frog** FROG	080 **prize** PRIZE	084 **star** STAR	088 **square** SQUARE

089 **short** SHORT	093 **three** THREE	097 **duck** DUCK	101 **bee** BEE
090 **church** CHURCH	094 **this** THIS	098 **rain** RAIN	102 **sea** SEA
091 **phone** PHONE	095 **ring** RING	099 **say** SAY	103 **new** NEW
092 **white** WHITE	096 **pink** PINK	100 **draw** DRAW	104 **snow** SNOW

105 boat BOAT	**109** toy TOY	**113** glue GLUE	**117** nurse NURSE
106 house HOUSE	**110** cook COOK	**114** fruit FRUIT	**118** bird BIRD
107 cow COW	**111** moon MOON	**115** river RIVER	**119** fork FORK
108 boil BOIL	**112** blue BLUE	**116** park PARK	**120** horse HORSE